· · · · · · ·
**DEIXEI
MEU
CORAÇÃO
EM MODO
AVIÃO**
· · · · · · ·

FABÍOLA SIMÕES

DEIXEI MEU CORAÇÃO EM MODO AVIÃO

Faro Editorial

COPYRIGHT © FARO EDITORIAL, 2020

Todos os direitos reservados.
Nenhuma parte deste livro pode ser reproduzida sob quaisquer meios existentes sem autorização por escrito do editor.

Diretor editorial PEDRO ALMEIDA
Coordenação editorial CARLA SACRATO
Preparação TUCA FARIA
Revisão VALQUÍRIA DELLA POZZA
Capa, projeto e diagramação OSMANE GARCIA FILHO

Dados Internacionais de Catalogação na Publicação (CIP)
Angélica Ilacqua CRB-8/7057

Simões, Fabíola
    Deixei meu coração em modo avião / Fabíola Simões.
— São Paulo : Faro Editorial, 2020.
    272 p.

ISBN 978-85-9581-101-0

1. Crônicas brasileiras I. Título

19-2616   CDD B869.8

Índice para catálogo sistemático:
1. Crônicas brasileiras B869.8

1ª edição brasileira: 2020
Direitos de edição em língua portuguesa, para o Brasil, adquiridos por FARO EDITORIAL

Avenida Andrômeda, 885 - Sala 310
Alphaville – Barueri – SP – Brasil
CEP: 06473-000 – Tel.: +55 11 4208-0868
www.faroeditorial.com.br

PARA LUIZ E BERNARDO

Escrevi este livro pensando em você que deseja tornar a sua vida algo bom!! :)
Coloque seu ♡ em modo avião e deixe a leitura te inspirar...
Grande beijo,

Fabíola Simões

♡

A beleza não está nem na luz da manhã nem na sombra da noite; está no crepúsculo, nesse meio-tom, nessa incerteza.
— LYGIA FAGUNDES TELLES

Carta ao leitor

Alguns creem que viver seja apenas estar na vida, interagindo com aquilo que se ouve, enxerga e sente. Porém, acredito que a experiência de estarmos vivos é muito mais que nos relacionarmos com a superfície da existência. É, antes de tudo, ousar ir de encontro ao próprio silêncio, ao próprio mistério, ao próprio enigma. É estar disposto a deparar-se com a própria face incompreensível, aquela que anda de mãos dadas com o incompreensível do mundo.

Esse livro é um convite para que você se desconecte do burburinho e da urgência das coisas e, de alguma forma, faça um percurso de fora para dentro. Para que você se percorra e confronte suas lembranças, seus acertos e erros, suas relações, sua história. Para que você se aprofunde no seu mistério e descubra qual é sua tragédia, sua coragem, sua paixão, seu silêncio. Um convite para que você desproteja seu coração e encare seu jardim secreto.

Meu desejo é que esse livro o desafie a sentir-se mais consciente de si mesmo. E que, ao perder o medo dos próprios abismos, você possa decidir que é chegada a hora de deixar seu coração em modo avião: desconectado de tudo o que tira a sua paz e vinculado ao que realmente importa...

Com amor,

Fabíola

Sumário

DESLIGANDO O WI-FI   **11**
EM UM RELACIONAMENTO SÉRIO COM A MINHA PAZ

ESPERANDO NOTIFICAÇÕES   **97**
SERENDIPITY

ALTA CONECTIVIDADE   **173**
EU ESCOLHO TORNAR A MINHA VIDA ALGO BOM

DESEJOS DE SIMPLICIDADE   **251**
SOU FILHA DE UM TEMPO SIMPLES

DESLIGANDO O WI-FI

EM UM RELACIONAMENTO
SÉRIO COM A MINHA PAZ

Deixei meu coração em modo avião

Deixei meu coração em modo avião. Hoje não quero criar expectativas, controlar o que não posso, me culpar por aquilo que não depende só de mim.

Desisto de procurar sinais nas entrelinhas, esperar reciprocidade, exigir respostas. Quero a paz de não saber tudo, a tranquilidade de não controlar quase nada, a bonança de não sofrer por antecipação, a calmaria de não esperar nada de ninguém além de mim mesma.

Deixei meu coração em modo avião. Vou parar de cutucar minhas feridas, jogar fora os excessos de minhas gavetas, ocupar os lugares que guardei para quem não quis seguir viagem a meu lado. Tomarei chá de amnésia e sumiço, ensaboarei a alma com perfume de oceano e deixarei a água levar o que entristece e empobrece.

Vou tirar meus sapatos, deixar morrer algumas saudades, ficar confortável na minha solidão. Abandonarei meus julgamentos e deduções, fugirei das comparações, descomplicarei minha tristeza e firmarei pactos com a leveza. Vou exigir senha da melancolia e fugir da fila da nostalgia. Vou assumir um compromisso com a serenidade e aquietar o som da goteira da imaturidade.

Deixei meu coração em modo avião. Hoje quero me despedir das dores que de tão presentes viraram amigas, das mágoas que perderam o prazo de validade, dos pesos desnecessários que atrasaram minha marcha. Quero me vestir de perdão, absolver as causas dos meus tropeços, arejar meus ressentimentos, libertar minha culpa.

Quero tecer momentos de simplicidade, bordar autogentilezas, pescar coragens; ter a ousadia de me ouvir com zelo, ser generosa com meus anseios e cuidadosa com meus receios; ser surpreendida em momentos de pouca expectativa, e ser pega de surpresa pelo riso farto que estava guardado na minha barriga.

Quero borboletas no estômago, vagalumes no olhar e joaninhas embaraçando meu caminhar. Quero ser jardineira de harmonias e semear poesia de Manoel de Barros sob a luz do sol do meio-dia. Beber doçuras do silêncio, fotografar melodias da tranquilidade e construir abrigos de simplicidade.

Deixei meu coração em modo avião e descobri que prezo mais um teto feito de estrelas que um céu cheio de preocupações; uma companhia simples e verdadeira pra rachar uma pizza que um jantar sofisticado ao lado de gente ranzinza; um vestido de chita cheio de poesia que um longo Dior ofuscado de idolatria.

Ao manter por tanto tempo meu coração em modo avião, eu revi minhas prioridades. Já não funciono mais no compasso das esperas, mas aprendi a valorizar o que tem vocação de eternidade, o que apascenta minha alma e acalenta meu espírito. Tenho pressa de ser feliz e preguiça de sofrer por miudezas. Desejo bagagens leves, com rodinhas ultradeslizantes, e todos os dias escolho a mim mesma, sem máscaras, fingimentos, disfarces ou ilusões. Escolho a mim mesma com todas as dificuldades e imperfeições, com todas as certezas e divagações, com todas as coragens e aversões.

E então, recuperado o autorrespeito, tirei meu coração do modo avião. Hoje sei que não preciso me esconder para ser feliz, mas aprendi a reconhecer onde posso e devo me demorar. E resolvi me demorar no cheiro dos livros, na visão da roda-gigante iluminada que me lembra a própria vida, no som de uma conversa amiga, no gosto conhecido de uma receita antiga. Sem pressa, sem corridas, sem cobranças. Apenas pelo prazer de estar na vida que escolhi, uma vida vestida de sorrisos, buscadora de motivos que curem, deleitem e aquietem o coração.

Depois de algum tempo, você só quer um relacionamento sério com a sua paz

Depois de algum tempo, você não faz mais questão de ter razão. Você já não quer mais convencer ninguém de nada, nem provar que seu ponto de vista ou suas escolhas são mais coerentes e sensatas. Depois de algum tempo você conquista uma grande certeza acerca de sua grandeza, e isso lhe dá paz, lhe dá segurança, lhe assegura que está no lugar certo, com pessoas especiais.

Depois de algum tempo, você aprende a se respeitar. A respeitar a imagem que vê refletida no espelho, a tolerar as imperfeições que começam a surgir, a transformar as singularidades de seu corpo em características charmosas. Você aprende a respeitar a necessidade de ficar sozinho, de não ser perfeito o tempo todo, de chutar o balde de vez em quando. Você descobre o que é da sua natureza, do seu feitio, do seu agrado. E consegue lidar bem com isso, sem a necessidade de se justificar por ser quem é.

Depois de algum tempo, você entende que precisa se agradar em primeiro lugar. Entende que só quem está bem consigo mesmo consegue dar o melhor de si, e por isso não se culpa quando impõe limites, quando não aceita aquele convite, quando diz "não" àquela solicitação.

E, então, você faz as malas com facilidade. Tem mais apego às vivências e memórias do que às roupas penduradas no armário, e entende que a felicidade não se planeja, vive. Você aprendeu que pode chover na praia ou fazer dias de calor intenso no inverno, e por isso aceita a mudança de planos com jogo de cintura e bom humor, do mesmo modo que já não sofre mais quando algo não sai conforme o combinado. Sabe que a vida é feita de banhos de chuva e imprevistos, e que é sinal de sabedoria tolerar o que não dá para transformar.

Chega o momento em que você descobre o seu valor, e se dá conta de que por trás da sua maluquice, esquisitice e contradição há alguém que já não pode mais autorizar ser classificado pela fachada. Alguém que amadureceu e fez pactos com o amor-próprio, com a superação dos traumas e decepções, com a cura das mágoas e aflições.

Depois de algum tempo, tudo o que você quer é um relacionamento sério com a sua paz. Você já não se esforça tanto por amizades sem reciprocidade, e não sofre em demasia por aqueles que não querem seguir a estrada ao seu lado. Não força chaves em fechaduras erradas nem tenta calçar sapatos que não lhe servem mais. Aprende a se preservar, a não abrir seu coração para qualquer um, a não dar ouvidos a julgamentos superficiais. Tem convicção de tudo aquilo de que é capaz, e, principalmente, põe ponto-final em tudo o que tira a sua serenidade.

É um luxo desfrutar de nossa própria companhia em momentos de solidão por opção

Ainda de férias e retornando de minha viagem a Buenos Aires, nesse dia me permiti acordar tarde. Tomei banho ouvindo Maria Gadú e em seguida saboreei meu café, com as persianas da sala fechadas e a tevê desligada. Não atendi o telefone, desliguei o wi-fi do celular e não insisti para que meu menininho saísse da frente do computador. Me servi de mais uma xícara de café, peguei o ótimo *Os novos moradores* e me entendi com Cosme e Vicenza, os personagens de Francisco Azevedo. Depois do almoço, maratona de *Grey's Anatomy* na Netflix e reflexão em frente ao computador para redigir este texto. Que dia feliz!

Há momentos em que a gente só consegue encontrar harmonia, equilíbrio e paz estando sozinho. Descobrindo que a ausência de barulho, agitação, burburinho e efervescência nos reconecta com o que existe de mais verdadeiro em nós. Autorizando que a vida também seja feita de quietude, mansidão, doçura e serenidade. Permitindo o encontro com as alegrias silenciosas, com o entusiasmo sereno, com a euforia delicada.

Foi no filme *Comer, rezar, amar* que ouvi a frase: *"Há momentos em que temos que procurar o tipo de cura e paz que só pode vir da solidão"*. Liz, a personagem, em sua jornada de autoconhecimento, deixa para trás sua casa, seu marido e uma carreira de sucesso para descobrir o que é importante para ela. Porém, não precisamos ir tão longe para nos reconectarmos com aquilo que nos é primordial.

É preciso ficarmos um pouco a sós se quisermos nos conhecer de verdade. Ousar desconectar o fio que nos liga ao mundo por alguns instantes para acessar nossa própria autenticidade. Optar pelo silêncio, pela simplicidade e pelo distanciamento. Aprender a ser ausência, a respeitar a necessidade de nos resguardar, de ser menos fachada e mais discrição.

Não defendo a solidão, pois sei quanto é duro viver sozinho, sem um par, longe da família e dos amigos. Já passei por isso, por noites frias em que uma mensagem visualizada e não respondida no celular doeu; por instantes em que a melancolia produzida pelo cálice de vinho trouxe à tona velhos fantasmas; por momentos em que o acorde de uma antiga canção machucou.

Somente aqueles que cresceram e amadureceram sabem o gosto amargo da solidão doída do abandono e da rejeição. Mas também aprenderam a reconhecer e distinguir a outra solidão, aquela que traz conforto e paz. A solidão boa, que não proporciona dor nem pesar, mas nos reconcilia com a alma cansada e permite seu restabelecimento e cura.

É um luxo desfrutar de nossa própria companhia em momentos de solidão por opção. Conhecer o que nos faz bem, o que nos completa, o que nos basta. Encontrar respostas no silêncio ou recarregar as energias num banho morno, numa xícara de chá, numa leitura agradável, num filme cheio de significado. Às vezes as respostas que buscamos estão a nossa espera, mas, ocupados que estamos com o frenesi do mundo, não lhes damos chance de virem à tona.

Como peregrinos que optam por fazer suas rotas de fé e autoconhecimento sozinhos (em trajetos como o Caminho de Santiago), percebemos que a solidão escolhida é muito mais que uma necessidade de não estar rodeado de gente. É a descoberta madura de que somos seres caminhantes, e alguns percursos são só nossos, de mais ninguém. Adiar essa possibilidade nos afasta do crescimento e da cura, e não nos ensina a resistir nas horas mais silenciosas e desertas.

É preciso gostar de ficar um pouco sozinhos se quisermos ser boas companhias. Experimentar ir ao cinema desacompanhados, sentar num café apenas com um bom livro, fazer uma refeição completa ouvindo os próprios pensamentos. Ganha-se intimidade com os próprios gestos, camaradagem com as próprias vontades, familiaridade com a própria individualidade.

A gente aprende a se enfrentar ficando sozinho. Aprende a vencer o medo de ser olhado com desconfiança ("Sozinha num cinema? Ela não tem ninguém?"), aprende a vencer os próprios preconceitos e a distinguir solitude de solidão.

Introspectiva que sou, sempre apreciei meus momentos a sós. É claro que agora, com marido e um filho que não quero ver longe de mim, isso fica mais difícil. Mas é nas brechas da rotina que exercito minha individualidade e identidade, e descubro que a felicidade não precisa ser sempre povoada, e sim também tecida de espiritualidade, inspiração, calmaria e reflexão...

Gente madura não tem frescura

Maturidade não é sinônimo de seriedade, e sim de responsabilidade. Chega muito cedo para uns poucos e nunca para outros. Nos resguarda dos mimimis e blá-blá-blás, e traz significado ao que importa de fato.

Gente madura não vive correndo atrás de aprovação ou explicação. Sabe bem para quem deve satisfação, e é pra esses que abre seu coração. Não vive de suposições nem ilusões. Não cria mundos a partir de pensamentos vagos nem alimenta expectativas em cima de sentimentos rasos.

Aqueles com maturidade sabem se absolver. Não se levam tão a sério, chutam o balde de vez em quando, desculpam suas incapacidades e aceitam suas precariedades. Não se cobram a perfeição nem exigem tanto de si e dos outros em nome de uma imagem imaculada e um semblante engessado. Ao contrário, aprenderam a rir dos tombos que levam e a fazer limonada dos limões que a vida lhes dá.

Gente madura não tem frescura com a própria vida, e por isso consegue se deixar em paz. Já caiu e levantou tantas vezes que aprendeu a não sofrer por pequenices e superficialidades. Perdoa o cabelo mal-humorado, a pele ressecada, a gordurinha fora do lugar. Não se tortura com fios puxados na blusa de lã, pregos fixados com diferença de altura, unha do mindinho descascada. Não se patrulha por repetir a sobremesa no almoço ou o vinho no jantar. Sabe que um dia compensa o outro, e que o saldo final é ser feliz.

Pessoas maduras sabem que é exaustivo tentar ser legal o tempo inteiro. Por isso impõem limites e cuidam bem de si. Zelam pelos que amam, mas entendem que não é possível agradar a todos o tempo todo.

Os que são assim não têm medo de errar nem de viver. Experimentam sabores novos, inovam na frente do espelho, recomeçam depois de uma fossa, assumem que estavam errados, pedem perdão, se reconciliam com sua história.

Gente madura não faz drama. Enfrentam os dissabores com bravura e vivem os dias comuns com gratidão e maravilhamento; e, com isso, aprendem a ser felizes, a não comparar a própria vida, a não querer chegar na frente, a não desejar subir no pódio da ilusão. Amam a própria realidade e não cobiçam o mundo alheio. Não se fazem de vítimas nem vivem ressentidos. Amam o que lhes cabe e não se fecham para a alegria. Aceitam bem as diferenças e convivem bem com as divergências. Ouvem, analisam e tiram suas conclusões sem impor seus conceitos como verdade absoluta.

Gente madura não faz alarde da tristeza nem da felicidade. Curte seus momentos com serenidade e não mede sua vida pela popularidade.

Gente madura tem um coração sossegado. Um coração que aprendeu a ser sereno e não se desgastar por bobagem. Já trilharam estradas de anseios, expectativas, constatações e frustrações. Sabem que não adianta dar murro em ponta de faca, procurar chifre em cabeça de cavalo ou botar o carro na frente dos bois. Entendem que com paciência e fé em Deus não é preciso fazer tempestade em copo d'água.

Maturidade é conquista, mas também disposição. Disposição em se cobrar menos e viver mais, aprendendo a dar menos importância ao que não acrescenta e valorizando o que é real e provido de sentido.

Que a gente possa amadurecer com o coração tranquilo, ciente de que fez tudo o que podia. Que haja riso, parceria e poesia. Que não faltem respeito às diferenças e fé diante das adversidades. E que, ao final de tudo isso, possamos olhar pra trás e perceber, admirados, que enfim crescemos.

De repente tudo fica tão simples

À s vezes demora. Demora muito. Custa, leva tempo, parece que não vai ter fim. Mas daí acontece. Assim, do nada. Feito mágica. Você acorda um dia e o coração está leve, a alma, livre, a respiração, solta, e a mente, em paz. Você desperta e se esquece de que chegou a pensar que não seria completo sem sua dor. Você se olha no espelho e, por trás do reflexo que denuncia ares de novidade, finalmente aceita com satisfação o novo estado de seu coração. Um coração tão acostumado com não delicadezas para si mesmo agora bate equilibrado e percebe quanto relutou em seguir adiante de braço dado com a tranquilidade.

De repente tudo fica tão simples, tão bem resolvido, tão diferente e óbvio que até surpreende. Você tenta entender por que não sente mais saudade, por que não sente mais falta, por que não dói mais, e é difícil explicar. Mas acontece. Simplesmente acontece. Você olha aquela foto antiga, e aquela pessoa que foi tão importante há tanto tempo já não significa mais nada. Nadinha. E o seu medo de se curar desse amor vai embora também, e só resta o alívio. É tão real que chega a ser assombroso. E você se dá conta de que a vida é cheia disso: de coisas importantes que perdem a relevância.

Eu pensava que ficaria desamparada se me curasse; que todo aquele meu discurso de que a-vida-é-um-romance iria por água abaixo se me livrasse do desencanto. Achava que a saudade e a dor davam sentido a meus dias, e me agarrava à falta e à imperfeição como quem acredita que uma alma incompleta é uma alma poética. Eu não sabia que poderia rimar poesia com teimosia. Teimosia em cultivar levezas; teimosia em me desvencilhar das mágoas do passado; teimosia em decidir não contar a história da dor como minha.

Às vezes leva tempo pra gente perceber que entendeu tudo errado. Que esteve procurando se sentir confortável na presença da dor porque ela é mais certa e segura que a cura. Que desejou pouco da vida para evitar a frustração. Que não deu bandeira da felicidade pra não atrair negatividade. Que escolheu não se curar da falta para não se sentir vazio. Que preferiu gostar de alguém que não devolvia o amor na mesma medida para se defender de relações mais profundas. Que não quis entregar seu coração com sinceridade para não sentir vulnerabilidade.

"Não estar no mesmo lugar que seu coração é nunca estar em casa." Li isso certa vez e acho que faz sentido. É o único jeito de não se enganar. É quando você decide que ou faz as malas e se muda pra perto do seu coração ou faz com que ele desista de permanecer em lugares a que nunca mais poderá chegar. Pois cabe a você dizer ao coração que há lugares que deixaram de existir, lugares que só sobreviveram na memória, lugares para os quais você está impossibilitado de voltar. Só assim você estará alinhado com sua paz. Apenas desse jeito você se sentirá confortável. Só dessa maneira você finalmente descobrirá que de vez em quando é necessário ativar a chave do esquecimento para se desligar de algumas coisas e se conectar de verdade com aquilo que realmente importa…

As coisas boas têm o seu momento. E geralmente chegam após noites frias e dias cinzentos

O ano é 1980. Na formatura da pré-escola, uma menina encabulada, de cabelo curto e saia pelo joelho segura um cartaz com a letra "X". Cada criança da turma tem um cartaz parecido nas mãos, com as demais letras do alfabeto; e, para mostrar que foram alfabetizadas, elas, uma a uma, falam uma frase que começa com a letra que seguram. A menina tem seis anos e sabe o que vai acontecer depois que o menino com a letra "V" disser sua frase. Ela segura firme a letra "X", fecha os olhos e espera. O microfone suspenso na mão da professora se aproxima e, numa fração de segundo que parece durar uma eternidade, ignora a presença da menina, finge que ela não está ali, e finalmente pousa junto à criança que segura a letra "Z". A criança da letra "Z" finaliza a apresentação com uma frase citando algo como "zelo", e a menina da letra "X", que não teve a oportunidade de dizer nada, ouve os aplausos que não são para ela. Então se lembra dos comentários da professora no ensaio — *"Ela vai segurar a letra 'X', pois para 'X' não temos frase, e essa menina não fala nada mesmo…"* —, e pensa em tudo o que queria dizer e não disse. Em tudo o que poderia ter sido e não foi. Em seu interior, uma voz recusa a identidade "X" atribuída pela professora. As cortinas se fecham e o futuro a aguarda.

Adoro a expressão "quem te viu, quem te vê". Pois a vida surpreende e o tempo recompensa. E aqueles que tanto nos julgaram podem se espantar ao ver aonde chegamos. Aqueles que nos rejeitaram podem se assombrar com nossa volta por cima. Os que quiseram nos brecar podem ficar pasmos ao assistir à concretização de nossos sonhos.

Um dia agradeceremos aos tombos e tropeços. Seremos gratos à falta de chão e às puxadas de tapete. Celebraremos as dificuldades e recusaremos o papel de vítimas. Pois entenderemos que, se não foi possível recusar as dores, acabamos amadurecendo com elas. Se não foi possível evitar os dramas, acabamos evoluindo com eles.

Chico Buarque cantou: *"Olhos nos olhos, quero ver o que você faz ao sentir que sem você eu passo bem demais..."*; e, longe de qualquer vingança, temos que ser gratos às voltas que a vida dá. Pois a vida é um enorme leque de possibilidades e promessas, e temos que aprender o jeito certo de reagir, de não perder a delicadeza mesmo que estejamos feridos, de recomeçar, de sermos doces. E descobriremos que a dor do abandono nos trouxe uma lucidez alarmante, uma admiração completa por nós mesmos e uma capacidade assombrosa de ressignificar as coisas.

As coisas boas têm o seu momento. E geralmente chegam após noites frias e dias cinzentos. Então a gente olha pra trás e entende que não precisa mais da aprovação dos colegas zombeteiros do tempo de escola, do patrão incrédulo, da moça que nos olha de alto a baixo na academia, daqueles que nos rejeitaram, dos que nos julgaram, dos que nos despedaçaram. Nós seguimos em frente, e hoje somos nós que "pedimos desculpas" por estarmos tão bem.

A vida dá voltas, o mundo gira, o jogo vira. A menina segurando a letra "X" na formatura da pré-escola cresceu e aprendeu a dar voz a seus sentimentos. As frustrações daquele dia e as que se seguiram durante todos os anos de colégio (que não foram poucas) se tornaram o combustível para o que estava por vir.

Aos 40 e poucos anos, tenho concretizado tudo com que sonhei. No último sábado, sentada na Livraria Saraiva e recebendo o carinho de centenas de pessoas que aguardavam na fila para um autógrafo, abracei a menina tímida carregando a letra "X". Enxuguei suas lágrimas com a manga de meu vestido rendado e segredei no seu ouvido: "Isso vai passar". Ela me olhou com aqueles olhinhos tristes e passou a mão no meu cabelo longo. Perdoou seu cabelo curto, a professora intolerante e a falta de palavras. Naquele momento éramos só nós duas, separadas pelo tempo de trinta e sete anos e uma conquista que eu devia a ela, a menina do "X", que me ajudou a crescer.

Não posso trair a menina corajosa que mora dentro de mim

A gente se blinda como pode. Como consegue. Como é possível naquele momento que vivemos. Nem sempre nos protegemos da maneira correta, e muitas vezes preferimos nos refugiar em mentiras que nos abraçam e confortam a encarar uma realidade nua, crua, gelada e dura.

Por algum motivo, de vez em quando a gente aceita ilusões que nos garantem algum bem-estar momentâneo, mesmo que isso nos afaste da verdade, da compreensão da vida e de suas imperfeições. Nós nos protegemos das decepções, mas não crescemos como deveríamos.

Na vida nos confundimos muitas vezes. Nos confundimos com os sentimentos que as pessoas dizem sentir por nós; nos confundimos com o valor que atribuímos a nós mesmos; nos confundimos ao não enxergar lobos sob a pele de cordeiros. Acreditamos nas histórias que contamos e que contam pra nós, num esforço sobre-humano de sentir que estamos seguros, que nada nos ameaça, que a vida é estática e linearmente perfeita.

Durante algum tempo, essa tática realmente funciona. Porém, quando nos refugiamos em ilusões, não adquirimos compreensão da vida. E compreender a vida, com tudo de bom e ruim que nela existe, aceitando e tolerando aquilo que nos desaponta, decepciona e até destrói um pouquinho, é o que nos faz crescer. É o motor que nos impulsiona para a frente, e nos faz entender que não podemos trair a pessoa corajosa que temos a vocação de ser.

Dentro de cada um de nós existe uma força que precisa ser explorada. Dentro de cada um há uma pessoa corajosa que precisa ser desvendada. Porém, muitas vezes traímos essa pessoa corajosa que carregamos dentro do peito. E fazemos isso quando preferimos nos reprimir e aceitar mentiras que nos protegem. Ao preferirmos recuar e não enfrentar a realidade dura, mas real, que existe do lado de fora. Traímos quando preferimos nos calar, fingir que não enxergamos, fingir que não ouvimos, fingir que não sentimos. Traímos quando camuflamos nossa insegurança, dúvida e medo de amar com orgulho e falsa indiferença.

Não posso trair a menina corajosa que mora dentro de mim. Não posso autorizar que o medo do sofrimento me afaste da verdade; da autenticidade em todas as relações; da capacidade de me entristecer, emocionar, alegrar ou emburrar diante daquilo que me atinge ou comove. Não posso trair a menina corajosa que escreve cartas, confronta silêncios e desafia mal-entendidos. A menina que aprendeu a crescer com os baques da vida, e por isso não os evita nem os enfeita, e sim os encara como forma de melhor compreender essa aventura linda e apavorante que é a existência.

"Por vezes as pessoas não querem ouvir a verdade, porque não desejam que as suas ilusões sejam destruídas." Essa frase, do filósofo Nietzsche, serve para qualquer um de nós. Pois em um momento ou outro, todos nós passamos por algum tipo de negação, e isso é perfeitamente normal. A negação é um dos estágios do luto, e faz parte do processo de cura. Porém, com o tempo, a negação tem que dar lugar a outros sentimentos, igualmente curativos, até que se encontre a aceitação da realidade tal qual ela é. Se ficamos estagnados na negação, enxergando apenas o que queremos ver, e não o que está bem à nossa frente, não evoluímos, não subimos degraus, não compreendemos, não agimos de acordo com a realidade, não seguimos em frente.

Quando você se refugia na negação, você se aprisiona. E não dá chance aos recomeços. Porém, quando rompe com a negação e decide enxergar as coisas exatamente como elas são, você se autoriza a virar o jogo; a transformar a realidade; a ter outro tipo de vida, de relacionamento, de situação. E só assim descobre que é capaz, que tem coragem, que pode suportar e reiniciar seus passos sem dor, sem desespero, e com muito mais amor.

Deus, acalma a minha pressa

Durante muito tempo eu tive pressa. Hoje, mais amadurecida e com 40 e poucos, pareço a autora da letra que diz "Ando devagar, porque já tive pressa..." e respiro aliviada por perceber que consegui vencer algumas corridas da juventude.

Atualmente, as corridas são maiores e mais constantes. São mensagens chegando a toda hora pelo WhatsApp; comentários pipocando na última foto do Instagram; o Messenger exigindo uma resposta. Para um ansioso e perfeccionista, está formado o cenário do caos. Porque ele se sente pressionado a responder a tudo, a dar conta de tudo, a não frustrar ninguém. Por outro lado, também tem pressa de ser atendido instantaneamente, de que suas mensagens não sejam ignoradas, de que do outro lado as pessoas sejam tão apressadas quanto ele é.

O imediatismo tomou conta de nossos dias. O que antes se resolvia com uma carta que levava semanas para chegar, hoje se define com um clique. Uma foto que demorava meses para ser revelada, agora é captada, aprovada ou deletada em segundos. Uma massa que era fabricada amassando farinha e ovos é hoje preparada apenas acrescentando água quente. Assim, é de esperar que tenhamos ficado mais apressados também. Sem perceber, exigimos que tudo funcione na velocidade de nossa ansiedade, de nossa expectativa, de nossa pressa.

Porém, a pressa nos rouba do momento presente. É excesso de futuro, de medo e de expectativa.

É preciso aprender a ignorar certas coisas. A separar o que é imediato do que é dispensável. A priorizar o que é necessário e não se afobar para dar conta do que é supérfluo. A esquecer um pouco o celular, a ignorar por algumas horas o telefone fixo; a conseguir respirar. De vez em quando é preciso aprender a sumir. Aprender que se você não for encontrado, o mundo não vai acabar. Suportar o desconforto de estar "ausente" por algum tempo e entender que a pessoa que mais o pressiona é você mesmo.

Tem gente que acha que está preso a uma manivela, e que se deixar de girar a manivela o mundo vai parar. Não é assim que funciona. Experimente soltar o eixo que gira o mundo e dar chance a outras pessoas de assumirem o controle. Experimente a paz dos que não têm necessidade de provar nada a ninguém. Você verá que o mundo continuará a girar, que outros indivíduos também têm dons e capacidades, que seu ego pode descansar um pouquinho também.

Peço a Deus que acalme a minha pressa. Que eu faça morada no presente e não me afobe com excesso de futuro. Que eu possa aproveitar a companhia dos que estão perto de mim, e não me torture com a falta de notícias dos que estão longe. Que cada espera tenha seu peso e sua medida, e que eu não me desgaste aguardando por aquilo que não merece ser aguardado. Que eu não tenha pressa de me curar nem de mostrar aos outros que superei, mas que eu seja carinhosa com meu tempo e minhas dores. Que a urgência de ser feliz não me faça acelerar a felicidade a ponto de perdê-la, e que, quando eu peneirar minhas vivências, não deixe as alegrias escoarem pelos vãos nem as mágoas serem retidas na trama. Que a leveza me alcance, e com ela a capacidade de perdoar a corrida dos ponteiros do relógio e o entendimento de que nada é tão urgente quanto o momento presente.

Hoje quero que o vento bagunce meu cabelo e me ensine a ser leve

Ontem fui à cabeleireira e retoquei as luzes que venho fazendo há algum tempo. Ao chegar em casa, ainda me adaptando à nova imagem refletida no espelho, comentei com meu marido sobre o significado dessa mudança. Muito mais do que disfarçar os fios brancos que aumentam ano a ano, a alteração na aparência reflete um processo interno pelo qual venho passando, e dá boas-vindas a um tempo de menos enganos e mais certezas; de menos inseguranças e mais amor-próprio; de menos mimimi e mais ha-ha-há.

Às vezes a gente se engana. Perde tempo e energia travando batalhas intermináveis com os traumas do passado, com as rejeições que sofremos, com as decepções que tivemos. E não percebemos que uma vida bem vivida é feita de peças que têm encaixe, ao lado de pessoas que nos querem bem, experimentando sensações que nos deixam em paz.

Se uma peça não está se encaixando, não devemos forçar a junção. Isso causa um desgaste enorme, diminui a fé que temos em nós mesmos, nos submete a uma situação embaraçosa e desnecessária. É como ser tamanho 40 e querer entrar num jeans 34. Você não precisa disso, esse não é o último jeans da face da Terra, e definitivamente é constrangedor demais desejar algo que não te serve. Quanto antes você entender isso, mais cedo vai perceber que às vezes a vida nos frustra de um modo inimaginável, mas, antes de insistir naquilo que não nos cabe, é importante que saibamos qual lugar queremos ocupar. Geralmente, as pessoas mais felizes são as que ocupam os melhores lugares em sua própria vida.

Quando decidimos ocupar o melhor lugar em nossa própria vida, aprendemos a recusar qualquer situação que nos diminua, e já não dependemos mais da aprovação alheia para nos sentirmos em paz. As críticas são bem-vindas — desde que nos estimulem a crescer —, e as inseguranças do passado dão lugar a uma aceitação enorme de nossas incompletudes e um orgulho imenso de nossas conquistas. Aprendemos a nos respeitar e rejeitamos tudo aquilo que nos fere ou subestima.

Precisamos desistir de alguns sonhos, lugares e pessoas se quisermos o melhor para nós mesmos. A vida é feita de ciclos, e a melhor maneira de seguir em frente é com a bagagem leve, fácil de carregar. Preste atenção ao que você deseja daqui para a frente. Preste atenção às pessoas que você realmente quer ao seu lado. E, sem um pingo de culpa, livre-se de pesos desnecessários.

Hoje quero que o vento bagunce meu cabelo e me ensine a ser leve, a suportar o tempo finito de cada coisa e entender a partida de tudo o que não é eterno. Que o vento me ensine a deitar no colo do Pai e deixar que Ele tome conta de mim. Que eu tenha paz. Quero aprender a fechar os olhos e confiar. A deixar de querer controlar tudo. A esvaziar minha casa, meu guarda-roupa, minha agenda e meu espírito daquilo que é excessivo e desnecessário. E que, restaurada por repentina leveza, eu possa ignorar o que não acrescenta e valorizar o que realmente importa...

É preciso perdoar a vida e se sentir perdoado por ela

Como fazemos todos os anos, nós nos reunimos na última sexta-feira para assistir ao concerto de Natal do coral de que minha mãe faz parte. Sentada ao lado de meu marido, de meu filho e de meu sobrinho, deixei meus pensamentos voarem enquanto ouvia e observava a dona Clau e seus companheiros de ensaio das noites de quinta se apresentarem e ensinarem a mim, que ainda tenho tanto a aprender, que o que a vida quer de nós é coragem; não uma coragem destemida e audaciosa, mas sim uma coragem sensível e gentil, amparada na busca das alegrias miúdas nem sempre férteis ou fáceis de encontrar, e na capacidade de resistir e sorrir, ainda que a história do momento não seja a que queríamos contar.

Cantando, dançando e gesticulando muito, minha mãe afugentava as dores e os fantasmas de seus dias e aquecia meu coração de filha ao criar memórias de felicidade e um tipo de paz que a gente só sente quando aceita as novas realidades, os novos caminhos, os novos rumos que nossa vida e a daqueles que amamos tomaram.

Ao seu lado, algumas amigas queridas encerravam o ano cantando, mesmo que o silêncio do coração delas contasse histórias dolorosas. Eu sabia de alguns fatos e por isso me surpreendia com recolhida alegria e grandiosa admiração. Uma amiga, em especial, me ensinava uma lição importante, algo que carregarei comigo para sempre.

Em seu íntimo, ela travava uma batalha importante. Por trás do sorriso e da música, havia momentos de dor, despedida, aceitação, resignação. Por trás da união com os parceiros de palco, havia a história de uma vida marcada por ausências e encontros. Em sua comovida vibração, ela me ensinava que a gente tem que continuar. Em seu delicado entusiasmo, me ajudava a compreender que, mesmo que tenhamos nossas promessas descumpridas, é preciso perdoar a vida e nos sentir perdoados por ela.

É importante que eu acredite que de vez em quando a gente perde, mas em algum outro momento a gente vai ganhar de novo, e tudo isso se intercala indefinidamente, por toda a existência. É imprescindível que eu tenha convicção de que os momentos de ganhos superarão os de perdas, e que, quando eu sentir meu coração aquecido de felicidade, vou redimir as noites frias de tristeza e solidão que precisei atravessar. É essencial que eu aprenda a perdoar as perdas que encarei, para que possa abrir espaços para reconhecer as bênçãos que terei.

Abençoados os que perdoam a imperfeição da vida. Os que não vivem ressentidos, nem blindados, nem desistem da alegria só porque ela tirou alguns dias de férias. Abençoados os que se sentem perdoados. Os que se sentem amparados por Deus mesmo que a história que vivem não esteja sendo contada da forma que desejavam.

O modo como decidimos encarar as perdas determinará nossa qualidade de vida. Podemos decidir que "perdemos" ou podemos determinar que "aprendemos". Cabe a cada um de nós dar sentido ao que foi desconstruído, quebrado ou rompido e autorizar que o riso substitua o pranto, que as lágrimas deem lugar a um entendimento novo acerca de nós mesmos e da forma como queremos usufruir da vida daqui para a frente.

O tempo molda os indivíduos de maneiras diferentes, e me esforço para ser o tipo de pessoa que ainda consegue dançar quando a música toca bem baixinho, quase imperceptivelmente. Do tipo que decide cantar mesmo quando a voz não alcança a nota. Que resolve ter pensamentos doces e gestos leves mesmo quando tudo é rigidez e gravidade.

Minha alma tem pressa de aprender a reagir com delicadeza às perdas e falhas. De aprender a suportar as circunstâncias ruins com gentileza e cuidado consigo mesma. De querer habitar-me com otimismo, fé e aceitação. Pressa de aprender a perdoar a vida e, acima de tudo, de se sentir perdoada por ela.

Ela não desiste de ser feliz

Ela acostumou-se a sonhar. Acostumou-se a buscar uma versão mais livre e mais coerente de si mesma nos devaneios. Descobriu que pode dar trégua a suas próprias batalhas, culpas e aflições quando adormece e mergulha em seus sonhos.

Não foi sempre assim. Seus sonhos já foram extensão de suas condenações, seus medos e inadequações. Mas hoje são um refúgio seguro, acolhida doce após um dia cansativo, descanso para a rigidez do espírito e gravidade da alma.

Todas as manhãs ela põe sua roupa de viver. Assume compromissos, resolve pendências, cumpre metas, encara desafios. Não se mete em confusões, é sensata nas postagens no Face e Instagram. Responde às mensagens do WhatsApp com emojis escolhidos a dedo, manda áudios interessantes e tem sempre uma novidade na ponta da língua. Mas à noite... ah, à noite... ela se despe. Toma uma taça de vinho e remove cada uma de suas máscaras de viver. Não se cobra tanto, se permite sentir saudade, reconhece aquilo que lhe faz falta e o que lhe aquece a alma. Dá uma trégua para sua mania de perfeição, para sua incapacidade de dizer "não", para seu desejo de ser aceita a qualquer custo. À noite ela descobre que pode ser amada pelo que é de fato, e não pelas máscaras que carrega.

Aos poucos ela tem aprendido a não deixar os sonhos na cama. Tem aprendido a conciliar rigidez com leveza, razão com emoção, proteção com vulnerabilidade e eficácia com perdão. Tem contrariado seus medos, dado uma rasteira em suas inseguranças, se despedido de sua mania de agradar a todos se desagradando. Sua roupa de viver já não pesa tanto, seu maior compromisso é consigo mesma.

Ela continua sendo mais livre nos sonhos, mas sabe que aos poucos vai assumir mais doçura que culpa e mais encantamento que amargura. Tem dado risada de seus tombos e não se culpa quando a mensagem do WhatsApp é visualizada e não respondida. Já não espera reciprocidade de todo mundo, e nem por isso se entristece. Tem mandado algumas pessoas "praquele lugar" e deletado alguns papéis que não quer mais representar.

Ela sabe de seu valor, de suas lutas e vitórias, e isso lhe assegura que não precisa provar nada pra ninguém. Quem tiver a chance de conhecê-la de verdade vai saber que ela tem suas dificuldades, seus estranhamentos e manias, mas que, acima de tudo, ela não desiste de ser feliz.

Saborear um bom café é uma declaração de amor a nós mesmos

De todos os chamados que a cozinha me faz, a hora do café quentinho, exalando cheiro de pausa e cuidado, é a que mais me atrai. Herança da minha infância, do tempo em que eu acompanhava minha tia nos afazeres domésticos e no cuidado com quatro homens que dependiam tanto dela. A hora do lanche, com pão molhado no café fumegante, era o tempo que ela conseguia olhar para si mesma e respirar. Era ali, naqueles instantes diante da mesa posta com bolo de farinha e ovos, pão francês e café cheiroso, que ela desconstruía a mãe enérgica, a esposa generosa e a dona de casa prestativa. Era ali que eu, atenta em minha meninice, aprendia a cuidar mais de mim.

Eu gostava do sabor e do ritual, mas o que me dava mais alegria era ver aquela mulher se despindo da pressa rotineira e curtindo a própria companhia. Em sua simplicidade, ela me ensinava a buscar momentos de calmaria e consolo no meio do caos diário.

O ato de sentar-se à mesa para saborear um bom café é uma declaração de amor que fazemos a nós mesmos. É uma forma de nos acariciarmos e aprovarmos a nossa própria companhia, sem precisar de mais ninguém.

Preste atenção a sua volta. Estão todos tão ocupados, tão distantes de si mesmos, correndo tanto, exercendo papéis demais, cumprindo prazos e exigências demais... e pouco respeitando a si mesmos. É hora de colocar a toalha na mesa e servir um bom café. Hora de partir o pão com a mão e mergulhar nos vapores da xícara acolhedora. De respirar fundo e mastigar devagar. De perceber a urgência de desconstruir-se para enfim ser mais feliz.

A vida necessita de pausas. De momentos em que o bule cheio de café fresquinho nos convida a sentar e desacelerar. De ocasiões em que é necessário colocar uma toalha bordada na mesa e convidar a nós mesmos para o chá. De porcelana bonita nos chamando para jantar. De sobremesa simples adoçando nosso paladar.

É preciso aprender a se gostar. Aprender a descosturar as bainhas que nos atam ao que é supérfluo e costurar novos remendos, que nos autorizam uma existência de respeito e amor-próprio.

Já não cabem mais desculpas. A água na fervura anuncia que é hora de coar o café. As nuvens escuras apressam a retirada das roupas no varal. E o cansaço pelo descuido consigo mesmo diz que devemos desacelerar e nos desconstruir.

É a vez de acenar em despedida àquilo que nos ensinaram que era essencial, mas nem sempre nos agrada. Ao excesso de zelo, à vontade de controlar tudo, à ansiedade de dar conta de todas as funções. Ninguém nos contou que não é possível agradar a todos, e nessa busca incansável pela perfeição nos perdemos de nós mesmos.

É chegada a hora de retornar. De fazer possível o amparo às incompletudes, insignificâncias e imperfeições. De aceitar os próprios limites e afrouxar a competência. De sentar-se à mesa e servir-se com carinho de um bom café. De pausar a tarde, os pensamentos, as cobranças e exigências. De, enfim, perceber que a vida pode ser contada de uma forma mais simples, mais silenciosa e bem mais amorosa.

Somos sempre modificados por aquilo que amamos

Há alguns dias estive na minha cidade de origem para a festa de Natal. Fazia exatamente um ano que eu não a visitava, e nos três dias em que estive por lá pude rever casas e ruas de minha infância e relembrar momentos doces que vivi.

Porém, pela primeira vez desde que saí da cidade para fazer faculdade, aos dezessete anos, não senti nostalgia, nem melancolia, nem orfandade. Pela primeira vez me senti feliz por ser filha do interior, por ser cria das Minas Gerais, mas não sofri por ter que retornar ao meu mundo, ao meu jardim, à vida que construí longe dali.

Descobri então que fui modificada. Aos poucos, fui sendo moldada pelas novas paisagens, pelos novos encontros, pelo novo momento. Devagar, bem devagar, deixei as antigas vestes para trás e assumi contornos mais autênticos. Suavemente, me tornei uma pessoa muito mais coerente com meu coração. Serenamente, descobri que aquilo que amamos tem a capacidade de nos transformar.

Você percebe que foi modificado quando aquilo que te afetava tanto não te afeta mais. Quando olha uma fotografia antiga e sente saudade, mas a lembrança não é mais dolorida. Quando escuta uma música que mexia tanto com você e percebe que existem melodias muito mais bonitas. Ao passar a gostar muito mais da realidade que está vivendo do que daquilo que deixou pra trás. Você percebe que está transformado quando não dói mais saber "daquele" alguém. Quando a possibilidade de esse alguém ter virado a página já não causa mágoa nem desconforto. Quando percebe que está cercado de pessoas que acrescentam tanto a sua vida que não precisa mais sofrer por aqueles que se despediram. Você descobre que foi modificado ao se dar conta de que a casa onde morou na infância não é tão grande quanto você imaginava, nem que seu pai é tão bravo quanto você pensava, nem que seu amor da adolescência é tão incrível quanto você julgava.

A vida nos apresenta novas chances o tempo todo — de amar, de perdoar, de esquecer, de recomeçar. Porém, somente quando amamos pra valer algo dentro de nós se modifica para sempre. E com isso sossegamos. Temos paz e tranquilidade. Descobrimos que estamos no lugar certo. Que pertencemos. Que estamos escrevendo nossa história com lucidez e certeza. E isso não nos permite mais olhar para trás com saudosismo, com nostalgia. Aceitamos os passos que demos, reconhecemos as alegrias que tivemos, mas não há mais o desejo de voltar. Não há mais a vontade de perpetuar alegrias esgotadas e memórias desbotadas.

Às vezes a gente gosta tanto de um perfume que, mesmo que ele acabe, continua guardando o frasco com aquele restinho lá no fundo na esperança de que ainda saia um vaporzinho com o aroma conhecido. Um dia, porém, somos presenteados com um perfume novo, de fragrância sedutora e acolhedora. E aos poucos vamos percebendo que é hora de desapegar do antigo perfume e começar a valorizar o novo. Hora de decidir que o tempo do velho bálsamo acabou e aprender a enaltecer o aroma presente e suas dádivas.

Somos sempre modificados por aquilo que amamos. Que venham os novos tempos, e com eles a possibilidade de um dia acordarmos e descobrirmos que já não somos mais os mesmos que se blindavam, se escondiam ou se defendiam da vida e de suas imperfeições. Que a coragem e a leveza nos alcancem, e que a passagem do tempo apazigue dores, mágoas, ressentimentos. Que as histórias ruins sejam encerradas, e que, amando muito alguém ou alguma coisa, possamos deixar pra trás rastros de um passado que não nos representa mais.

Não dance uma dança que não é sua somente pelo desejo de agradar

Tem dias em que a gente tem que se pegar no colo. Ouvir mais o que nosso interior quer dizer e respeitar os desejos genuínos de nosso coração.

É preciso muita maturidade para aprendermos a valorizar nossas escolhas. Para entendermos que a vida que nos cabe é a melhor possível. Para acreditarmos que temos a noção exata daquilo que é melhor para nós.

Durante muito tempo mostramos mais confiança no olhar de fora sobre nossa própria vida do que em nós mesmos. Aceitamos mais os conselhos alheios do que nossa própria intuição. E ficamos reféns dessa condução, desse direcionamento, dessa autorização. E pouco a pouco nos afastamos de quem somos, de quem gostaríamos de ser, do caminho que pretendíamos seguir. Desprezamos nossos anseios e modificamos nossa história para caber dentro das expectativas de alguém.

Crescer é aprender a seguir com os próprios pés, ouvindo a própria voz, dando sentido às próprias inquietações. É reconhecer-se apto a fazer boas escolhas, a se posicionar diante das situações difíceis ou constrangedoras, a não se culpar quando se decide enlouquecer de vez em quando.

Foi Clarice Lispector quem disse: "De agora em diante eu gostaria de me defender assim: é porque eu quero. E que isso bastasse". E tenho que concordar com Clarice, pois ninguém consegue viver com saúde por muito tempo só tentando impressionar os outros. Ninguém é feliz por inteiro se submetendo ao julgamento alheio. Não dá pra crescer completamente se não aprendemos a recusar aquele convite, a impor limites, a fugir do combinado e a negar um favor. Ninguém amadurece sem aprender a dizer "não" e dormir em paz com isso.

Há momentos em que temos saudade de nós mesmos. Sentimos falta de quem éramos antes de nos misturarmos a todo o mundo e de nos ausentarmos de nossa própria vida. Sentimos falta de nossa versão mais cheia de amor-próprio, que não se anulava tanto pra querer agradar. Talvez seja esse o preço a pagar por não sabermos nos posicionar. O gosto amargo que temos que engolir por nos distanciarmos de nossa essência, da necessidade de recolhimento, da vocação de seguirmos nosso coração.

O importante não é somente avançar, mas saber se resguardar. Aprender a sossegar, a ficar consigo mesmo, a silenciar. Descobrir o que lhe faz bem, o que é de seu feitio, o que o deixa em paz e é coerente com seu jeito único de ser. Só você sabe do que é capaz, só você sente os passos que pode dar. Portanto, não dance uma dança que não é sua só pelo desejo de agradar. Não corte as próprias asas só para se enquadrar.

De vez em quando a gente tem que pisar duro para sobreviver. Só dar satisfações a quem interessa e abandonar inseguranças desnecessárias. Não ter medo de voltar atrás, de desistir de um projeto, de arriscar uma versão autêntica — e talvez espantosa — de si mesmo. Ter coragem de dizer "não" a uma proposta, de se expor como é de fato. Descobrir, não sem uma ponta de satisfação, que a unanimidade é muito chatinha; e que bom mesmo é assumir o que se quer... e que isso baste.

Algumas coisas são faíscas, mas têm o dom de nos transformar

Outro dia, ao assistir a um filme na Netflix, me encantei com uma frase que dizia: "Uma estrela cadente só dura um segundo, mas você não fica feliz de pelo menos tê-la visto?". E pensei que é assim mesmo. Algumas coisas duram pouco, ou duram muito menos do que a gente gostaria. Mas, ainda assim, foi melhor elas terem existido (ainda que por pouco tempo) do que nunca terem acontecido.

A vida é cheia de pontos-finais. Num momento ou outro encerraremos um parágrafo e começaremos outro. Novas histórias estão prestes a ser escritas, e, mesmo que haja dificuldade em virar a página, alguns ciclos se encerrarão, independentemente de nossa vontade. Alguns capítulos, porém, sempre terão suas linhas grifadas e sua folha marcada com um Post-it colorido, sinalizando que ali reside uma memória importante. Mesmo virando a página, alguns episódios permanecerão eternos. E, por mais breves que tenham sido, serão como estrelas cadentes, que riscam o céu numa fração de segundo, mas nem por isso deixam de ter um significado especial.

Algumas coisas são faíscas, mas têm o dom de nos transformar. Como quando alguém lhe sorri no meio de uma multidão ou quando você identifica o choro de seu bebê entre tantos outros. Seu corpo interpreta os sinais. Sua alma encontra reciprocidade. Sua hora coincide com a hora de alguém, e, ainda que que essa sincronicidade dure apenas um lapso de segundo, você será grato. Grato por descobrir que, mesmo durando pouco, essa faísca despertou em você algo que não sabia que existia. E isso por si só já é tão bonito e poderoso que faz tudo, tudo mesmo, ter valido a pena.

Quem dera a gente não sentir dor por perder algo importante. A alegria e a gratidão por esse algo importante ter feito parte de nossa vida deveriam permanecer, nem que fosse por um único segundo. Compreender que por alguns instantes fomos escolhidos para compartilhar um olhar, um sorriso, uma paixão ou mesmo a posse de algo que depois se perdeu nos torna agraciados, abençoados, merecedores. Aquilo que se perdeu estava predestinado a um tempo curto, mas fomos escolhidos para usufruir desse tempo escasso, e fizemos o melhor que podíamos.

Lygia Fagundes Telles fala da saudade como "um vestido velho que tiramos do baú. Um vestido que não é para usar, só para olhar. Só para ver como ele era. Depois a gente dobra de novo e guarda, mas não se cogita em jogar fora ou dar". Assim encaro as perdas também. A gente sabe que não pode mais usar aquele vestido, que não serve mais para a gente e nunca mais vai servir. Mas a gente fica feliz por um dia ter tido a peça. Por uma vez na vida ter cabido naquele traje e rodopiado com ele numa noite estrelada. E, mesmo que hoje as músicas sejam outras, e que os trajes sejam muito mais elaborados e bonitos, a gente ainda se lembra com carinho daquele. E depois guarda de volta no baú. Pois entende, finalmente, que tudo tem seu tempo, e que um dia seremos o vestido velho de alguém também.

É preciso coragem para deixar uma dor para trás

Com a maturidade a gente aprende que a vida não é feita só de ganhos. Que em alguns momentos a gente perde também, e são esses instantes que nos lapidam e fortalecem.

Com o tempo a gente descobre que algumas relações nos ensinam mais sobre perdas do que ganhos. São aqueles amores que por algum motivo não deram certo, e a história do fim ficou mais forte que a história do amor. São aquelas relações em que a dor da separação deixou marcas mais profundas que a vereda da convivência.

É preciso ser muito forte para deixar uma dor pra trás. Para entender que perdemos alguma coisa e não ficarmos olhando pro leite derramado. É preciso ter muita coragem pra deixar pra lá e continuar nossa vidinha sossegada sem o desalento do orgulho ferido. Porque de vez em quando o que dói não é a falta, não é a ausência, não é a solidão. O que dói é perder. É ter querido muito algo e não tê-lo obtido. É ter construído enredos com final feliz e não vê-lo se concretizar.

Caio Fernando Abreu dizia que, "pra viver de verdade, a gente tem que quebrar a cara", e acho que ele tinha razão. Porque às vezes a vida ensina por meios tortos, e a gente corre o risco de se machucar um pouco. Mas então a gente percebe que cresceu; que aquela dor teve fim e nos fez enxergar o que tem valor; que aquele problema incontornável foi resolvido e nos mostrou que dar murro em ponta de faca nem sempre é a melhor solução.

De vez em quando a gente tem que varrer a dor e espanar as esperas. Parar de viver focado no passado, no que podia ter sido e não foi, nas perdas que a gente teve pelo caminho. Todo mundo passa por perdas, todo mundo cai em um momento ou outro, todo mundo desiste de algo que queria muito em alguma etapa da vida. E todo mundo sobrevive — porque entende que não é tarde demais para cultivar o amor-próprio, para agradecer a Deus, para soltar os nós que prendem a embarcação a nosso porto e deixar partir o que não nos pertence mais.

A vida não é feita só de ganhos, nem é só boa. Que graça teria se fosse sempre assim? Tome cuidado, porém, para não se apegar demais aos espinhos; para não acreditar que eles são as peças mais importantes do jardim; para não valorizar a dor a ponto de não enxergar mais nada além dela. A dor ensina, amadurece, transforma. Mas também tem o seu feitiço. E é preciso coragem para deixar uma dor pra trás. Para olhar bem fundo nos olhos da dor e dizer: "Você também vai passar…".

A gente precisa de poesia dentro da gente

Eu tinha sete anos quando a princesa Diana se casou com o príncipe Charles. Me lembro vagamente daquela manhã, mas me recordo da agitação que se seguiu, da repetição da cerimônia nos jornais da noite, da aura de encantamento que invadiu aqueles dias. Passados 37 anos, num sábado, o príncipe Harry se casou com a plebeia Meghan, e os olhares do mundo se voltaram novamente para a Inglaterra, provando mais uma vez que, ainda que faltem grana e esperança, roupa nova e sapato bacana, a gente quer se encantar. A gente quer sentir aquele sopro de ilusão e fantasia que nos diz que a vida pode não ser perfeita, mas ainda assim tem a possibilidade de nos seduzir.

Que me perdoem os céticos e descrentes, mas a gente precisa de poesia dentro da gente. De instantes em que uma música, um filme, um livro interessante ou um casamento real nos afaste dos problemas diários e nos iluda momentaneamente. A gente precisa de trégua das notícias ruins, do estresse cotidiano, da falta de roupa combinando, da conta do fim do mês não fechando. E, no meio disso tudo, a gente descobre que aqueles que aprendem a se encantar sobrevivem mais facilmente.

Apesar de ser da geração que cresceu acompanhando o *Jornal Nacional* e o *Fantástico*, há um bom tempo eu não assisto mais à tevê convencional. Substituí as notícias sangrentas e o bate-boca da política pela Netflix e por vídeos do YouTube. Acompanho alguma manchete pela internet, mas descobri que preciso me refugiar naquilo que faz meu pensamento desacelerar. Pode parecer futilidade, infantilidade, falta de maturidade. Mas eu entendo diferente. Pra mim, a alma precisa ser alimentada com algumas frivolidades que a façam suspirar, dançar de olhos fechados e se distanciar do caos exterior. A alma tem necessidade de distrações que a façam acreditar que o mundo não é um lugar somente frio e inóspito, mas pode ser também divertido, acolhedor e muito amoroso.

Dizem que podemos mudar nossa biologia de acordo com aquilo que pensamos e sentimos. Quando estamos apaixonados, uma luz se acende em nosso interior e podemos sentir a euforia "na pele". Do mesmo modo, quando nos deixamos encantar ou autorizamos que a poesia da vida faça morada em nossa alma, liberamos um fluxo de emoções que nos fortalece, anima e até cura. As notícias ruins, por sua vez, liberam um fluxo de negatividade e estresse que deprime, envelhece e adoece. É por isso que não abro todas as mensagens no WhatsApp. Por isso não leio todas as notícias sobre política. Por esse motivo não participo de discussões nas redes sociais ou às mesas de bar. E foi por essa razão também que passei a manhã toda daquele sábado assistindo ao casamento real. Porque sei que minha alma suspira com a delicadeza, com o bom gosto, com a harmonia de cores, sons e perfumes que eu não sinto, mas posso imaginar.

Muito se discutiu sobre a escolha de Meghan. Disseram que uma feminista como ela não deveria trocar sua liberdade pelo sonho de princesa. Mas quem disse que Meghan não será feliz? Quem disse que uma feminista não pode também desejar poesia em sua vida? Que sua alma não poderia almejar beleza, amor, requinte e bom gosto? Que tudo isso não está fazendo um bem danado a ela?

Temos um mundo de escolhas a nossa frente todos os dias. Podemos escolher nos habitar com programações mentais negativas, medos, pessimismo, desconfiança, incredulidade, derrotismo e negativismo; ou podemos dar a mão à doçura, ao encantamento, à fé, à esperança, à confiança, à beleza e ao amor. Podemos decidir acolher a feiura ou a beleza nas notícias a que assistimos, nas mensagens que compartilhamos, nas músicas que ouvimos e cantamos, nas ideias que memorizamos. Repetimos para nós mesmos o melhor e o pior da existência, mas talvez seja hora de começar a escolher aquilo que apazigua nosso coração e sossega nossa mente.

A enfermidade vem da incapacidade de vigiarmos nossas emoções, de permitirmos que qualquer coisinha fora do lugar afete nosso equilíbrio, de sermos muito duros e exigentes conosco mesmos. De almejarmos a perfeição, de nos culparmos excessivamente, de não nos protegermos de pessoas negativas ao nosso redor. De liberarmos espaço para entretenimento ruim, de nos envolvermos em demasia com a dor. E, por fim, da incapacidade de nos encantarmos com a vida.

A gente precisa aprender a se encantar com a vida. Borrifar perfume nos pulsos e agradar ao nosso paladar. Descobrir aquilo que alimenta a alma e faz o olho brilhar. Investir tempo e energia em música, dança e poesia. Conseguir extrair beleza da simplicidade e aprender a rir de qualquer bobagem. Apostar naquilo que nos faz sorrir silenciosamente, no que nos traz alívio e conforto, no que nos anima instantaneamente. Exercitar o deslumbramento e a capacidade de nos deixar cativar. E, enfim, restaurados pelo maravilhamento, pôr de lado a armadura que nos blinda do mundo e conseguir aceitar que a vida também é feita de momentos lúdicos, de casamentos de príncipes e plebeias que nos distraem de nossa própria existência, de alegrias silenciosas quando alguém nos elogia, de pensamentos bobos que invadem nossa memória, de melodias cativantes que resgatam nossa história.

Somos os responsáveis por nos dar alegria. Somos os responsáveis por fazer da nossa alma POESIA.

A armadilha da romantização do passado

Outro dia assisti a uma palestra do filósofo Mário Sérgio Cortella em que ele dizia: "Todos nós sabemos que dentro de um carro existem espelho retrovisor e para-brisa. Mas o retrovisor é menor do que o para-brisa, porque passado é referência, não é direção". E de repente me vi com desejos de renovação, tentando ao máximo me desvencilhar da armadilha da romantização, principalmente da romantização do passado.

Temos a tendência de imaginar que no passado as coisas eram melhores, mais fáceis e mais valiosas, quando na realidade estamos enxergando pelo filtro da nostalgia, um filtro que peneira os infortúnios e as dificuldades experienciados e só traz à tona uma saudade dolorosa que não nos permite prosseguir com alegria ou gratidão pelo momento presente.

Romantizar o passado é acreditar que o momento presente nunca chegará aos pés daquilo que já foi vivido numa época que não existe mais. É criar a ilusão de que o tempo que ficou pra trás carregava uma perfeição e um encanto que jamais serão superados. É se agarrar à ideia de que "naquele tempo" havia uma excelência e um primor que nunca se repetirá. É colocar filtros e lentes na realidade transcorrida, como se ela não flertasse com a imperfeição e com as dificuldades, comuns em qualquer época. É deixar de valorizar o presente para se agarrar a um sentimento de melancólica saudade, que não nos ajuda a crescer nem amadurecer, mas, ao contrário, nos imobiliza.

Precisamos parar com essa mania de tratar o passado como um precioso suvenir que tem lugar especial na estante da sala e é admirado continuamente com doce nostalgia. O passado teve sua importância, mas precisa ficar dentro dos álbuns de retratos e no fundo das gavetas, senão a vida não flui. Se colocamos o passado num pedestal, acreditando que somente ali fomos felizes, perdemos a capacidade de nos alegrarmos com a vida e, acima de tudo, a aptidão de simplesmente apreciarmos a paisagem.

Tenho uma prima muito querida que outro dia escreveu no Instagram: "Eu acredito na alegria como potência, como resistência, como uma forma corajosa de estar na vida". Venho pensando demais sobre essa frase desde então. Pois pode ser mais fácil e cômodo flertar com o passado e viver uma vida saudosa e melancólica que arriscar assumir a alegria e a gratidão como metas diárias de existência. É preciso coragem para romper com a ilusão de uma felicidade distante que reside no passado e assumir o encontro com as alegrias miúdas que brotam no solo árido do dia a dia.

Talvez a melhor maneira de superar o passado, com todas as armadilhas de perfeição que ele traz, seja encarando a importância que ele teve como terra fértil para que você se tornasse quem você é. Valorize, entenda, aceite, enxergue. Mas depois rompa com a romantização. Desencante-se, desilluda-se, escancare os defeitos e as dificuldades vividas e perceba, com orgulhosa satisfação, que somos momentos, e que não há nada mais reconfortante e satisfatório que a certeza de que fizemos a escolha certa, e de que estamos no lugar em que deveríamos estar.

> Grandes mudanças estão a nos esperar, mas a gente não pode ter medo de lançar nossa rede ao mar

Quem dera poder prever e controlar tudo. Quem dera planejar uma semana inteira de sol na praia e chuva fininha na vidraça na noite de domingo pra segunda. Quem dera ordenar a vitória do nosso time e estabelecer a presença dos amigos quando a gente mais precisa. Quem dera controlar a nostalgia e evitar a melancolia. Quem dera decretar que fica proibida a falta de saúde de quem a gente ama. Quem dera instituir a reciprocidade e regulamentar a camaradagem.

Mas o ano, o mês, o dia seguinte, a vida... nenhum deles marca hora, cumpre metas, obedece a prazos. Vez ou outra acertamos, vez ou outra escolhemos o passo certo, vez ou outra somos surpreendidos com o jogo equilibrado. Viver é dar conta de sair da rota, da estrada, da rotina, e aceitar a impermanência e a incerteza. Encarar o futuro e entender que, apesar dos planos, ele é incerto. Apesar das agendas, dos *planners*, da organização e dos calendários, ele é desencontro. E, assim, aceitar que nem tudo obedece à lógica; no entanto, em contrapartida há um milhão de bênçãos querendo chegar e contrabalancear a fragilidade dos dias.

Viver é querer arrematar e não ter linha suficiente. É achar que precisa de fôlego para subir uma montanha e encontrar um atalho. É esperar raios de sol entrando pela janela e descobrir que o astro deu a volta na casa e está iluminando o quintal inteiro. É sair descabelado e trombar com o grande amor. É carregar o guarda-chuva na bolsa e ganhar carona no final do dia. É jogar os dados e ganhar na loteria.

Porém, de vez em quando acontece. De vez em quando nossas vontades coincidem com os planos de Deus e passamos naquele concurso, somos admitidos na empresa dos sonhos, fechamos aquele contrato, recebemos o telefonema esperado, fazemos aquela viagem, encontramos aquela pessoa. Vida é terra fértil pra quem não desiste de semear e adubar. Pra quem insiste em jogar os dados até acertar. Pra quem consegue suportar os silêncios e vazios sabendo que tudo se renova quando a gente se dispõe a ouvir o que o universo tem pra nos contar. E ele conta...

Tropeçamos, escolhemos errado, criamos expectativas, nos enganamos, ficamos em pedaços. Mas depois descobrimos que temos a capacidade de ser inteiros novamente. E passamos a ressignificar as perdas e dores. E aprendemos a nos reconectar conosco mesmos, com nossa face mais autêntica, com quem queremos ser, com nossas limitações e vulnerabilidades. E começamos a driblar as imperfeições da vida e de quem convive conosco. E adquirimos a capacidade de jogar os dados e aceitar o resultado que vier, sabendo que tudo são ciclos, fases, encontros e desencontros. Após o inverno da alma, em que nos são exigidas paciência e resiliência, vem a fase do encontro, em que damos a mão à existência, fazendo as pazes com nossa história. O mundo gira, gira...

Momentos bons são tecidos a todo instante, mas a gente tem que estar pronto para que eles cheguem de mansinho, embaralhando o ritmo conhecido de nossa vida e nos presenteando com folhas em branco e uma inspiração linda para escrever nossa história com coerência, otimismo e coragem. Grandes mudanças estão a nos esperar, mas a gente não pode ter medo de lançar nossa rede ao mar.

A gente não consegue prever tudo, mas a vida surpreende nos detalhes. Vai ter trevo de quatro folhas, voo sem turbulência, nota esquecida encontrada no bolso do paletó, quebra-cabeça de mil peças formando o derradeiro desenho. E então, depois de um gesto gentil no trânsito ou de um elogio sincero no trabalho, talvez a gente consiga perceber que valeram a travessia e os malabarismos, valeram a espera e a insistência, valeram a coragem e a resiliência. Vida é mistério...

Todo excesso esconde uma falta

Marcos comia compulsivamente. Elisabete postava selfies exaustivamente. Paulo trocava de parceiras diariamente. Catarina limpava a casa exageradamente. João comprava tudo o que via incansavelmente. Ana ficava conectada obsessivamente. Júlio se exercitava forçadamente. Rita patrulhava a vida alheia inesgotavelmente. Kleber se preocupava com a saúde exageradamente. Helena poupava dinheiro neuroticamente. Cícero trabalhava opressivamente. Joana fumava insistentemente.

Viver é conviver com faltas, com buracos, com incompletudes que de vez em quando nos visitam de forma mais aguda e intensa, e em outros momentos nos deixam em paz.

Faz parte da condição humana, que é limitada e cheia de conflitos, a sensação de incompletude. Fazem parte de todos nós a angústia, o desejo de pertencimento, o apego, a insegurança. Porém, em alguns momentos, essas sensações ficam mais latentes, e, sem nos darmos conta disso, muitas vezes lidamos com nossas carências de forma distorcida.

Camuflamos nossos buracos interiores comendo demais, postando selfies demais, competindo silenciosamente pelo melhor carro ou closet, acumulando demais, controlando e patrulhando a vida alheia demais, bebendo e fumando demais, nos exercitando ou trabalhando demais, reforçando as nossas próprias qualidades demais, poupando ou gastando demais.

Todo excesso esconde uma falta. Descobrir que nossas ações nem sempre são aquilo que são, e sim sintomas de algo que estamos encobrindo inconscientemente, pode ajudar. Pois muitas vezes tentamos combater o sintoma, mas não nos aprofundamos na causa, e por isso não obtemos resultados satisfatórios. Falar para a sobrinha que ela precisa comer menos ou para a tia querida que ela tem de desligar um pouco o celular nem sempre traz resultados positivos, simplesmente porque é preciso olhar mais a fundo. É preciso olhar com mais empatia para buscar as faltas que cada excesso tenta encobrir.

Exercitar-se, postar selfies, ficar conectado à internet, abastecer a despensa, comprar aquilo que lhe agrada, se preocupar com a saúde, se preocupar com aqueles que ama, tomar uma bebidinha de vez em quando, falar das próprias qualidades... o que pode ser mais normal do que isso tudo? O problema é quando passa dos limites e se torna excessivo. Quando a atitude passa a nos atrapalhar e também àqueles que nos rodeiam. Quando somos alertados de que nosso comportamento está além da conta.

É preciso, porém, olhar com compaixão para a própria vida. É preciso entender o porquê daquela ansiedade, angústia, insegurança, daquele apego, daquela carência. É preciso desistir de nos cobrar comportamentos diferentes quando ainda não nos libertamos das causas daquele comportamento. Se fosse tão simples deixar de comer em demasia, se fosse só dizer "não vou mais atacar a geladeira", qualquer um conseguiria se submeter a regimes drásticos em pouco tempo. Se parar de limpar a casa a todo momento ou de acumular coisas exaustivamente fosse fácil, não haveria transtornos como o TOC. Se fosse tão descomplicado deixar de se apegar exageradamente a tudo e a todos, não haveria tantos livros de autoajuda ou métodos de relaxamento e meditação.

Vez ou outra iremos nos exceder em algo, e isso nem sempre é ruim. O empenho em sermos bons naquilo que amamos fazer, a dedicação àquilo que desejamos ver realizado, a persistência naquilo que buscamos, a energia que empenhamos para concretizar nossos planos, tudo isso é importante, necessário, fonte de vida. Porém, é preciso separar aquilo em que concentramos nossas energias para a realização de algo bom daquilo em que gastamos nossa energia como uma fuga de nossos problemas reais.

Excessos nem sempre são ruins. Mas alguns deles são disfarces de faltas que assolam nosso peito, e nem sempre temos a consciência disso. O menino que passou fome na infância pode desejar acumular mantimentos na fase adulta, sem se dar conta de que tenta suprir uma necessidade do passado, de um tempo que não existe mais. A moça que troca de parceiros repetidamente pode estar tentando lidar com o vazio da insegurança, depois de ter sido deixada pelo pai quando ainda era muito criança para entender. Diversas histórias podem ser contadas a partir de um comportamento excessivo, e desnudá-las requer um bocado de coragem.

Assim, é preciso aprender a olhar de outro jeito para as pessoas, com mais empatia e compaixão. Entender que aquele excesso — de arrogância, de exposição, de intolerância — que te incomoda tanto no outro é um sinal claro de falta — de amor, de atenção, de segurança, de coragem. E, assim, aprender a desvendar a si mesmo também, fazendo a si próprio a importante pergunta: "Que falta meu excesso esconde?".

Tão juntos e tão sozinhos. Que tipo de solidão é essa?

O futuro chegou de repente, e temos vivido tempos de solidão compartilhada, nos quais não toleramos apenas nossa própria companhia, e nos sentimos ansiosos com a falta de respostas, já que a época das esperas se transformou na época das urgências; e, se não corremos nessa velocidade, temos a sensação permanente de insatisfação.

Esses dias assisti na Netflix ao interessantíssimo documentário brasileiro *Quanto tempo o tempo tem*, de Adriana L. Dutra e Walter Carvalho, que é repleto de convidados especiais, como o físico Marcelo Gleiser e a monja Coen. O documentário nos leva a refletir sobre a vida que levamos, sobre o uso das redes sociais e o aproveitamento de nosso tempo. E não pude deixar de me aprofundar no raciocínio de que não estamos sabendo lidar com as ausências. Não suportamos a ideia de que nosso tempo seja preenchido com o "nada". Não toleramos as pausas, e o tão precioso "ócio criativo" está deixando de existir. Padecemos com a falta de conexão, com a falta de wi-fi, com o silêncio, com a ausência de sinais. Estamos desaprendendo a ser sós. Estamos desaprendendo a suportar nossa própria companhia, nossa solitude.

A solidão compartilhada afasta quem está perto e aproxima quem está longe, dando a falsa impressão de que estamos vivendo uma interação saudável, quando na realidade estamos nos desligando das verdadeiras conexões para assumir vínculos baseados na urgência, na aceleração do pensamento, na ansiedade. Numa mesma casa, cada um em seu quarto, teclando sem parar, tornamo-nos seres solitários cercados de telas.

Se não curtimos 120 fotos e não respondemos a 150 mensagens por dia, somos classificados como mal-educados. E nessa ansiedade de dar conta de tudo acabamos não dando conta do essencial: usufruir nosso tempo ao lado daqueles que amamos.

E me lembrei do filme *Her*, ganhador do Oscar de melhor roteiro original em 2014, que retrata de forma brilhante a solidão na era da hiperconectividade. No filme, deparamos com o grande paradoxo de nosso tempo: imaginamos que estamos incluídos, hiperconectados, que todas as nossas relações cabem na tela de nosso celular, como uma extensão de nossos braços, e ao mesmo tempo nos sentimos cada vez mais infelizes e sozinhos. Isso acontece porque esse tipo de conexão tecnológica não é real.

No entanto, o individualismo retratado no filme está cada vez mais presente em nossa sociedade contemporânea. E esse individualismo, aliado à tecnologia, leva ao isolamento. As pessoas imaginam que se bastam, e acabam perdendo a capacidade de formar vínculos reais, humanos.

A solidão, quando bem aproveitada, é muito benéfica. Viver com intensidade, apreciando a vida, é algo muito precioso e cada vez mais raro. É necessário um grande esforço para que possamos apreciar a existência no tempo da contemplação, e não no tempo da conectividade. É preciso empenho para absorver a eternidade do momento presente, mesmo que o mundo continue acelerado.

"Não desligar nunca" não nos torna mais completos ou felizes. Ao contrário, subtrai de nós a capacidade de nos conectarmos verdadeiramente com nossa alma, de escutá-la, de reconhecer seus desejos e intenções. Somente quando nos desconectamos do mundo externo — meditando, orando, tomando um banho quente, ouvindo uma música tranquila — entramos em contato com nossa essência, com nossa sabedoria interior, com nossa verdade. E descobrimos, enfim, que "estar junto" não nos livra da solidão, e "estar sozinho" não nos condena a uma vida infeliz.

Não importa o que pensam, dizem ou esperam de você. Você tem o seu valor

Lendo o livro *A coragem de ser imperfeito*, de Brené Brown, deparei com um trecho em que ela diferencia "ser aceito" de "se encaixar".

Foi como um soco no estômago, pois durante muito tempo me importei mais em me encaixar do que em ser aceita como realmente sou. Foram anos de esforço para ser a pessoa que esperavam que eu fosse — com medo de ser desaprovada e menos amada — do que para ser alguém coerente com aquilo que realmente faz sentido para mim. O temor da rejeição me levava a atender às expectativas sem me questionar sobre quais eram meus desejos, minhas opiniões, minhas certezas.

Viver de acordo com o que esperam de nós e não como realmente somos é perigoso e nos adoece. Viver suprindo as expectativas dos outros nos faz olhar para nós mesmos com desamor, pois valorizamos mais o que é exigido de nós do que aquilo que realmente desejamos. Viver sem coragem de assumir nossas escolhas, nossos gostos pessoais, nossos contentamentos ou desgostos como se isso fosse errado ou vergonhoso diminui nosso amor-próprio e nos conduz a uma dolorosa vida de aparências.

Não precisamos ter receio de não sermos "bons o bastante". Não é preciso esconder nossas escolhas, gostos, preferências, contentamentos e desejos sob um manto de "perfeição" que só satisfaz quem está do lado de fora, mas não satisfaz quem habita nossa própria pele.

Aos 40 e poucos anos, a duras penas, tenho aprendido a assumir quem sou de fato. Venho descobrindo que muito daquilo que eu acatava como certo não é certo para mim. Tenho acariciado minha alma ao reconhecer que também faço boas escolhas, baseadas no que acredito, e não naquilo que é simplesmente imposto e ordenado. E aprendido que minha baixa autoestima também vinha do fato de que eu duvidava de minha própria capacidade de posicionamento, pois preferia seguir "o script" a ousar dirigir minha própria versão da história.

Algo dentro de mim se entristece ao perceber que demorei tanto tempo para aprender isso. Porém, algo também se iluminou, porque me dei conta de que, embora tenha assumido minha própria identidade, não perdi o amor daqueles que realmente importam.

Quando achamos que não somos bons o bastante, ou quando nos condicionamos a acreditar que nossas opiniões e argumentos são fracos e insignificantes perto das opiniões e argumentos dos outros, nós nos fechamos. Preferimos não opinar, não argumentar, não correr riscos, não nos expor. No entanto, também não vivemos uma vida plena. Não descobrimos que somos, sim, bons o bastante; que somos, sim, corajosos e fortes; que somos, sim, dignos de ser escutados e apoiados.

É preciso acreditar que não importa o que pensam, dizem ou esperam de você. Você tem o seu valor — mesmo que discorde de alguém, mesmo que opte por outro caminho, ainda que frustre as expectativas alheias. Você não é perfeito, mas ainda assim tem seu valor.

Às vezes é necessário fazer algo muito diferente do combinado para perceber que realmente o mundo não desaba quando você ousa ser quem é. Na hora dói, machuca, e você se pergunta se fez a coisa certa. Mas depois passa. As pessoas começam a te respeitar mais e, o mais importante, *você* começa a se respeitar mais. Pois descobre que aquela voz que falava baixinho no seu íntimo também tem força, importância e muita convicção em sua argumentação.

Às vezes, descobrir que somos as "ovelhas negras" da família não nos torna pessoas ruins, mas sim pessoas que têm a coragem de expor suas imperfeições e vulnerabilidades do mesmo modo que expõem seus dons e qualidades; pessoas que ousam ser quem são, independentemente do que os outros desejam que sejam. Indivíduos que têm a maturidade de se posicionar com segurança, correndo o risco de decepcionar alguns, mas certamente de ganhar a admiração e o respeito de outros — e, como eu disse, mais ainda de si mesmos.

É preciso exercitar o encanto

Esta semana achei um livro incrível, que acaba de ser lançado pela Companhia das Letrinhas: *A parte que falta*, de Shel Silverstein. Apesar de ser direcionado a crianças, o livro é cheio de significados, e traduz o mistério que todos nós carregamos, o de ter um espaço vazio dentro do peito, independentemente da condição de amarmos e sermos amados, ou de estarmos ou não ligados a Deus. Essa "falta" existe em todos nós, e em algumas fases ela fica mais aguda; em outras, fica mais suave, quase imperceptível. Porém, ela sempre existirá.

Bukowski dizia: "Há um lugar no coração que nunca será preenchido", e eu acredito nisso também. De vez em quando somos tentados a acreditar que ao encontrarmos o verdadeiro amor ou um relacionamento que nos baste vamos nos sentir plenos, completos, livres de angústias e indagações. Porém, isso nunca ocorre completamente. O que acontece é que nos distraímos de nossas incompletudes e inadequações, mas de vez em quando voltamos a nos sentir desamparados e solitários, e isso é perfeitamente normal.

A condição humana é incompleta, e encontrar sentido nas miudezas do dia a dia, observando os pequenos grandes milagres que ocorrem — desde uma chave abrindo uma porta até o beijo de boa noite em quem amamos —, é o que torna tudo mágico, lindo, suportável. É preciso exercitar o encanto. A capacidade de nos contentarmos com nossa realidade, com aquilo que é possível, com o que temos para hoje, com o que precisamos aceitar e o que ainda dá para transformar.

Caio Fernando Abreu tem uma frase de que gosto muito: "Tenho me sentido legal. Mas é um legal tão merecido, batalhado...". Gosto da frase porque acredito que de vez em quando a gente tem que batalhar para se sentir bem. Porque nem todo dia será encantado dentro da gente. Mesmo com a mesa farta e a saúde intacta, alguns dias nascem mais amargos que outros, e algo sempre nos falta. É tentador imaginar que aquilo que nos falta é o amor que não deu certo, ou o passado que não existe mais, ou aquela pessoa que desistiu de nos acompanhar, ou a grama do vizinho que sempre está mais verde que a nossa. É tentador imaginar que não depende de nós batalhar por algum bem-estar.

Quando a gente entende que em um momento ou outro vai sentir um vazio que nada preenche, e que esse vazio aparecerá de vez em quando, e que de repente esse vazio irá embora e tudo voltará a fazer sentido, e que depois o vazio retornará... e que mesmo orando muito, tendo uma autoestima elevada e fazendo exercícios físicos esse ciclo se repetirá por toda a vida... quando a gente entende isso e aceita que é assim mesmo, a gente para de se sentir estranho, de se sentir anormal, de se sentir inadequado. A gente aprende a dizer: "Ok, é você chegando de novo, sei que logo vai embora, mas agora vou me sentir um pouco incompleto novamente, senta aqui, tá tudo bem". Então a gente acolhe o vazio, faz as pazes com ele, e para de tentar dar um motivo a ele. A gente simplesmente percebe que ele também é parte do que somos; faz parte do mistério de sermos humanos e, portanto, limitados. A gente simplesmente aceita; deita a cabeça no colo de Deus e espera o tempo do vazio passar. Porque ele sempre passa...

É isso que o livro de Shel Silverstein transmite. Através de suas ilustrações bem-humoradas e cheias de significado, somos levados a refletir sobre a falta. Ao terminar a leitura, repousamos o livro no colo e respiramos fundo. Parece que dá um clique, sabe? De repente percebemos que estivemos enganados, inventando álibis para justificar nossas angústias e sensações de vazio. Mas ao final descobrimos que não estivemos sozinhos quando sentimos que algo nos faltava. Até os reis, as atrizes de cinema e aquele crush que te esnobou já sentiram isso pelo menos uma vez na vida. Até seu ex, seu terapeuta e o padre da paróquia já experimentaram isso. O monge budista e o autor daquele livro de autoajuda já passaram por isso também. Você então se dá conta de que esteve agindo como o personagem do livro, cheio de expectativas, louco para se sentir completo. Mas ao final você se absolve. Deixa a borboleta repousar sobre o seu ombro e fica feliz com a presença dela ali. Entende que a vida é cheia de mistérios, e que a percepção da felicidade ocorre para aqueles que aprendem a lidar com os altos e baixos da existência, dançando quando há música e deitando no colo de Deus quando tudo silencia.

De vez em quando um "deixa pra lá" faz milagres, e nos liberta para prosseguir

Faço o tipo certinha. Preocupada em não levantar polêmicas, me desviar de discussões acaloradas e tentar não desagradar a ninguém. Prefiro o comodismo da imparcialidade à agitação do enfrentamento. Troco a necessidade de ter razão pela minha paz, e evito ao máximo me expor de forma que possa me arrepender depois. Porém, todo comportamento tem um preço. E o ônus de ser tão ajustada é sofrer quando alguma coisa sai dos eixos e não ter a ginga necessária para sair ilesa de situações inesperadas, que invariavelmente ocorrerão.

Como boas meninas e bons meninos, fomos educados a não responder, a sermos cordiais e obedientes, a aceitar as frustrações com resignação, a controlar nosso gênio indomável, a engolir sapos e abrir mão de nossas indignações. Ninguém nos ensinou a chutar o pau da barraca, a dar de ombros, a tapar os ouvidos e exorcizar nossos incômodos. Mas de vez em quando isso é necessário. De vez em quando um "deixa pra lá" faz milagres e nos liberta para prosseguir.

Dia desses ouvi uma música ótima da Lily Allen e não me contive. Dancei no mais alto som dentro do meu quarto, como não fazia havia tempos. De porta fechada, cantei o refrão com vontade, dando um "deixa pra lá" pra tudo o que ainda me afetava de forma desproporcional. Pra uma pessoa certinha como eu, foi uma libertação. A música, intitulada *Fuck you* (com o perdão da palavra), foi feita para George W. Bush, ex-presidente dos Estados Unidos; mas Lily incentiva todos a entrar no clima, como uma catarse. Juro que me senti mais leve cantando, dançando, gesticulando e pensando em tudo aquilo que eu queria deixar pra trás.

Tudo tem um limite. E de repente, num dia qualquer, você acorda e se pergunta por que ainda dá tanta importância àquilo que te magoou, oprimiu ou te prende a um passado que não existe mais. Você começa a questionar as razões de ser tão perverso consigo mesmo; de deixar que bobagens tão pequenas te tirem a leveza; de autorizar que minúsculos acidentes te desviem do curso perfeito de sua existência.

É preciso redimensionar os fatos. Parar de fazer tempestade em copo d'água por pouca coisa e tratar de atribuir menor significado aos acontecimentos ruins. Se fulano não te quis e isso está te dilacerando por dentro, comece a prestar atenção ao valor que você está dando a ele. Será que ele é tanta areia assim? Será que você não está supervalorizando alguém que não vale nenhuma lágrima sua? Será que não é hora de deixar pra lá? Simplesmente deixar pra lá?

Somente quando nos permitimos "deixar pra lá", percebemos nossa força, nossa própria luz, nossa confiança e capacidade de superação. Descobrimos, com uma ponta de admiração, que sobrevivemos, que esquecemos, que seguimos adiante.

O problema é que muitas vezes nos apegamos às dores, mágoas, tristezas e traumas, como se isso desse significado a nossa vida. Planejamos algumas vingancinhas, desejamos estar fortes para revidar, amarguramos palavras não ditas e cultivamos ressentimentos sem nos dar conta de que o lado bom da existência só vai ter espaço em nossos dias se a gente deixar. Se a gente conseguir "deixar pra lá", mandar tudo "praquele lugar", dançar até ficar sem fôlego e enfim desapegar.

Quero ter ginga e jogo de cintura para sair ilesa dos pequenos arranhões da vida. Quero aprender a rir das pequenas peças que o destino me pregar e conseguir ter molejo diante das travessuras da existência. Quero valorizar o que merece ser reverenciado e conseguir dar um basta ao que me aprisiona, magoa ou fere. Que minha busca por leveza me liberte dos antigos nós e que, cheia de bom humor e renovada coragem, eu possa chutar o pau da barraca, dançar de olhos fechados e finalmente repetir, em alto e bom som, o refrão de Lily Allen: *"Fuck you..."*.

Nem todo dia você conseguirá ser sorrisos e delicadeza. Alguns dias pedem que você seja rigidez e fortaleza

Ontem me submeti a uma cirurgia. Enquanto minha maca era empurrada rumo ao centro cirúrgico, o enfermeiro me perguntou: "Está com medo?". Eu respondi: "Um pouco", e ele completou: "Fica tranquila, dará tudo certo!". Sorri, encabulada, e pensei na situação que eu vivia naquele momento. Eu, que costumo aflorar poesia e delicadeza, tinha que assumir uma postura de rigidez e fortaleza. Assim é a vida. Há momentos em que seremos sorrisos, sensibilidade e suavidade, ao passo que outras situações nos conduzirão a uma postura de rigidez, frieza, força e equilíbrio.

O cinema está repleto de situações assim, mas me recordo particularmente de um filme a que assisti recentemente na Netflix: *Brooklyn*. O filme, baseado no romance do escritor contemporâneo Colm Tóibín, conta a história de uma imigrante irlandesa que, em 1935, deixa seu país para viver em Nova York. Quando ela desce do navio e se encaminha para inspeção, se recorda das palavras de uma conterrânea mais experiente: "Fique ereta. Engraxe seus sapatos. E não tussa de forma alguma. Não seja rude ou insistente, mas não pareça nervosa demais. Pense como uma americana. Você tem que saber para onde vai...".

Tentar romantizar algumas situações ou nos deixar sensibilizar demais por elas não nos ajuda naqueles momentos em que temos que fechar ciclos, romper antigos modelos, tomar uma estrada diferente, assumir um outro cargo, vencer uma saudade ou nos submeter a algo novo que causa medo e insegurança.

De vez em quando temos que fincar os pés com bastante força na existência e encarar nossos medos com prontidão e coragem, sem muito mimimi, nostalgia ou emotividade. Porque, se a gente sucumbe, não progride. Se a gente se dobra, não vence. Se a gente deixa a emoção dominar, a gente se desequilibra. Se recuamos, a vida avança e nos deixa pra trás.

Às vezes não é a vida que tem que ficar mais fácil — é você que tem que ficar mais forte. Pois remédio amargo todo mundo tem que beber, mas não é agindo com autopiedade, fazendo drama ou se comovendo além da conta que você vai minimizar os danos. Talvez tenha que entender que nem todo dia conseguirá ser sorrisos e delicadeza. Alguns dias pedem que você seja rigidez e fortaleza.

Penso nas inúmeras mães que tiveram que guardar seu pranto no bolso para conseguir colocar seus filhos em um ônibus ou avião e dar força para que fossem felizes longe delas. Nessas horas não é possível manter o sentimentalismo, a delicadeza e a saudade à tona ao mesmo tempo que os empurra porta afora. Nesses momentos é preciso fazer o que tem que ser feito, e ponto-final. E, mesmo que o pranto venha em seguida, longe dos olhos deles, será esse estímulo seguro que permitirá o passo seguinte, e não o lamento choroso. Porque emoções à flor da pele e lágrimas nem sempre são ingredientes bem-vindos, e podem tornar as coisas ainda mais difíceis quando se trata de amadurecimento, recomeços e "fazer o que tem que ser feito".

Às vezes é preciso desligar a chave da emoção para que possamos enfrentar a vida e suas imperfeições. Nem todo dia será um dia bom, e aprender a lidar com isso, sem ressentimentos ou vitimizações, mas arregaçando as mangas e agindo com coragem e determinação, fará com que os piores dias não definam nossa existência, mas sejam o reflexo daquilo que nos fez mais fortes.

Hoje, já em casa, pensei no enfermeiro e em sua carinhosa preocupação. Ele esteve comigo num momento de rigidez e austeridade. E, embora eu não pudesse me deixar levar pela emoção, ele conseguiu ser leve e gentil num momento tão delicado. Éramos completos estranhos um para o outro, e talvez isso tenha facilitado as coisas para mim. Sendo assim, só posso agradecer à vida e suas agradáveis surpresas, pois a doçura não existe somente para revelar o lado terno da existência, mas também para serenar o que de amargo nos espreita...

Recomece. Reinicie. Supere. Mas, acima de tudo, divirta-se!

"Aos 37 anos ainda estava descobrindo quem eu era." A frase, proferida pela escritora e apresentadora Julia Child, poderia definir e representar o momento atual de muitas pessoas ao redor do mundo. Além disso, era o início dos anos 1950 e "não saber quem se era" naquela época certamente era mais complicado que hoje em dia.

Julia Child (1912-2004) foi uma grande mulher. Símbolo de persistência e dedicação, dona de um sorriso cativante e muito talento, mostrou ao mundo que mulheres também poderiam se divertir na cozinha, não apenas como donas de casa, mas como grandes chefs, profissionais da arte culinária.

A história de Julia Child ficou conhecida pelo grande público ao ser retratada no filme *Julie & Julia*, de 2009, em que ela foi interpretada brilhantemente pela atriz Meryl Streep. A história começa com uma cena notável, um episódio que marcaria Julia Child de forma definitiva. Ao desembarcar na França, no fim dos anos 1940, a californiana Julia tem sua primeira refeição em solo francês: um linguado tão maravilhosamente preparado, tão cheio de manteiga, que quase a levou às lágrimas. A partir daí, meio perdida e sem rumo, ela decide desafiar sua própria inabilidade na cozinha e se matricular na Le Cordon Bleu, tida como a melhor escola de gastronomia do mundo, e aprende, com insistência e bom humor, a fazer os pratos típicos do país.

Já assisti a esse filme algumas vezes, e sempre me divirto e me surpreendo, tanto com a história de Julia Child quanto com a de Julie

Powel, interpretada por Amy Adams. Julie Powel é uma mulher do nosso tempo, que em 2003, sem rumo nem perspectivas, decide criar o blog *Julie/Julia Project*, em que pretende retratar a aventura de preparar as 524 receitas do livro de Julia Child em apenas um ano.

A partir daí acompanhamos as duas histórias (baseadas em fatos reais) entrelaçadas, cheias de surpresas, desafios, sucessos e fracassos, e nos inspiramos com as narrativas dessas duas mulheres que, diante da total falta de horizontes, decidem virar a própria mesa e comprometer-se afetivamente com a existência, transformando severidade em frescor e bom humor.

Gosto de pensar que a manteiga é o ingrediente mais poderoso da culinária e da vida. Não à toa foram o cheiro e o sabor de manteiga derretida sobre o linguado francês que conduziram Julia Child em sua jornada de autodescobrimento e florescimento. Talvez devamos aprender mais com a manteiga derretida. Nada consola tanto alguém quanto uma receita morna com bastante manteiga. E talvez a analogia funcione também para a aridez e infertilidade da existência. De vez em quando nossa existência se assemelha a alimentos secos, sem cheiro ou sabor. Faltam-nos perspectivas e sentido, falta-nos a capacidade de nos lambuzar e nos divertir com a vida.

Julia Child se divertia muito cozinhando e apresentando seu programa na tevê. Ela dizia: "Aprenda com seus erros, seja destemido e, acima de tudo, divirta-se!". E eu acredito que, quando escolhemos colocar manteiga derretida em nossos preparos ou decidimos escrever nossas narrativas de um jeito mais prazeroso e divertido, viramos o jogo.

Num período de fechamento de ciclos, em que encerramos um ano e nos abrimos para o começo de outro, por exemplo, talvez a vida se apresente justamente como um pão seco, sem cheiro nem sabor, sem maciez ou gordura, carente do brilho ou do conforto da manteiga derretida. É a vida sinalizando que algo precisa ser feito, nos intimando a superar as dificuldades, as dores e os fracassos e a buscar mais leveza e diversão em nossos dias.

Recomece. Reinicie. Supere. Mas, acima de tudo, divirta-se com a existência. Nem tudo é apenas bom, mas, se não está fazendo o olho brilhar, se faltam sorriso no rosto e graça nos gestos, o melhor é recuar.

A vida é difícil, mas tem que ser boa. Tem que ter encanto, piada velha que faz a gente rir de novo, dança sem música e coração bobo.

Feche ciclos. Recicle sentimentos. Faça faxinas. Mas, principalmente, acredite que as coisas vão dar certo e que pra tudo há uma saída. Julia Child conseguiu. Julie Powel também. Cada uma a sua maneira, cada qual com seu jogo de cintura, ambas desafiando a frieza e a aridez de seu tempo com doses altas de ovos, manteiga e muita diversão. E, acreditem, não é preciso muito. *Bon appétit!!!*

O poder dos quietos

Dia desses, ao assistir a uma palestra incrível de Susan Cain — "O poder dos quietos" —, me lembrei de um menino introspectivo, calmo, de olhar doce e gestos quase imperceptíveis que, apesar de ser irmão de uma de minhas melhores amigas de infância e meu primo de segundo grau (nossas avós eram irmãs), infelizmente nunca tive a oportunidade de conhecer verdadeiramente. Eu também sou introspectiva, e naquele tempo era ainda mais, pois a timidez acrescentava doses de vergonha e insegurança e, portanto, nunca tive a chance de perceber o que ele realmente carregava dentro de si.

O tempo passou. Há alguns meses, deparei com várias reportagens sobre um neurologista e professor universitário que teve a iniciativa de levar seus alunos ao centro de São Paulo para que eles atendessem moradores de rua que vivem em situação crítica nas calçadas. O professor dizia que sua intenção era humanizar mais seus alunos, pois assim, além do conhecimento científico, eles teriam maior consciência social também. Não preciso dizer quem era o médico da reportagem. Senti um misto de surpresa, orgulho e grande arrependimento por não ter aproveitado as oportunidades de conhecer melhor Mário Vicente, que, apesar de tão quieto, carregava coisas tão extraordinárias dentro de si.

Ao assistir aos vídeos e ler as matérias sobre as conquistas desse menino introspectivo que guardava relíquias incríveis para presentear o mundo no momento oportuno, não pude deixar de refletir sobre estereótipos e julgamentos. Sobre situações que eu mesma vivi na infância e adolescência, sem condições (ainda) de mostrar quanto eu sabia da vida e quanto seria capaz de vencer. Pensei em como fui julgada incapaz só porque não conseguia (ainda) me posicionar. Em como temos a tendência de classificar as pessoas pela superfície, sem nos aprofundarmos nas maravilhas escondidas em cada interior. Sobre como o mundo não facilita as coisas para um introspectivo, ao valorizar a extroversão como o único caminho possível para o sucesso.

Enquanto os extrovertidos mostram logo para que vieram, os introvertidos demoram mais para responder à estimulação social. Eles não sentem essa necessidade ardente de gritar ao mundo seus feitos, suas conquistas, suas qualidades, mas nem por isso deixam de carregar dentro de si posicionamentos belíssimos em relação à vida, desejos de mudar o mundo, amor ao próximo, sabedoria, sensatez e poder de liderança.

Introvertidos muitas vezes são prejulgados como incapazes, e na infância causam preocupação entre professores e familiares. Porém, é preciso entender que, em sua reclusão, em seus casulos, eles tecem asas para o voo. E quando voam... ah, quando voam... chegam mais alto que qualquer um.

O mundo precisa dos introspectivos e das coisas extraordinárias que eles carregam dentro de si. Mas tudo tem seu tempo, sua hora, seu momento. Introspectivos não chegam chegando, não fazem barulho, não causam estardalhaço para mostrar ao mundo seus feitos, seus dons e talentos. Eles vão devagar, quietinhos, silenciosos, e quando você percebe... que espanto! Aquele menino voou, aquela menina brilhou. Como eu não percebi essa riqueza bem aqui do meu lado?

Repare a sua volta. Sempre haverá um introspectivo criando, liderando, sendo exemplo de sabedoria num mundo tão confuso e caótico. Talvez devêssemos aprender mais com essas pessoas. Talvez fosse bom ouvir mais aquele colega de trabalho que não repassa vídeos a todo momento no WhatsApp, mas, quando aparece, tem realmente algo bom a acrescentar.

O mundo precisa conhecer o poder dos quietos. Precisa aprender a tolerar o silêncio, sem exigir dos introspectivos uma postura que não condiz com a alma e a natureza deles. O mundo precisa aprender a apostar no potencial dos quietos, entendendo que não é porque eles não anunciam em alto-falantes seus feitos que não são capazes de realizá-los.

Do mesmo modo, os quietos precisam aprender a explorar e distribuir seus dons e talentos. Do seu jeito, devagar, modestamente, mas autorizando que o mundo usufrua de sua genialidade, sabedoria, humanidade e lucidez, entendendo que o plantio aconteceu discretamente, mas a colheita pode ocorrer com abundância...

É aos poucos que tudo se ajeita

A gente não quer sentir dor. Não quer sentir aflição. Não deseja experimentar o desamparo nem a solidão. Mas vez ou outra sentimos. Vez ou outra o medo vem nos visitar e a angústia nos faz companhia. E descobrimos que isso nos torna vivos também. Isso faz parte da condição humana, que não é só forte e bem resolvida o tempo todo, mas do mesmo modo é feita de desassossegos e inquietações.

Sentir-se no alto de uma montanha-russa faz parte dessa aventura que é a vida; entender que vamos suportar a descida e encontrar sentido nas curvas do caminho nos dá coragem para abrir os olhos e soltar as mãos, cientes de que, no fim, a angústia foi um combustível importante também.

De vez em quando somos tentados a tirar alguém da tristeza. Mas ela tem sua utilidade e seu tempo. Tem a serventia de nos equilibrar, de nos posicionar corretamente na vida, de trazer clareza e lucidez. Ela nos torna mais reflexivos e criativos, pois nos impulsiona a encontrar recursos para atravessar o deserto, para transpor os rios, para desbravar as subidas e romper os cadeados.

Todo mundo sente angústia vez ou outra. E é um erro acreditar que só porque alguém parece ter a "vida perfeita" não sente medo e solidão. Só porque aparenta ter equilíbrio e sofisticação não experimenta ausência e inadequação.

A felicidade é feita de altos e baixos, e é assim pra todos. Temos o costume de superestimar a felicidade alheia e nos ressentir de nossa própria realidade. Esquecemos que na vida real qualquer um pode acordar num dia imperfeito, sentindo-se desajustado, carente de respostas e com o coração cheio de lembranças. Isso é premissa para sentir-se vivo também, e quem nunca experimentou esses sentimentos mora em outro planeta ou está mentindo.

É aos poucos que tudo se ajeita. Aos poucos é que a gente entende que de vez em quando a alegria se atrasa, mas não vai embora de nós. É suavemente que a gente compreende que de repente tudo se enche de significado de novo, as peças se encaixam, a roupa serve, a intuição flui, o riso irrompe. Sim, a vida é linda e espantosa...

Tenho me reconciliado com minhas aflições. Andado de mãos dadas com minhas imperfeições. Aceitado que meu caminho não está imune a rasuras e correções. Tenho entendido que apenas errando e sem medo de tentar novamente é que vou crescer e me fortalecer. Venho descobrindo que não preciso adiar a angústia de estar viva só porque ela me lembra que o tempo é escasso e tudo passa, e reconhecendo que ela dá significado ao mosaico de peças de que sou feita. Pois na vida tudo se ajeita; basta ter uma fé enorme de que, sem urgências ou impaciências, encontrarei a dança perfeita.

Você vai ser feliz. Mas antes a vida vai te ensinar a ser forte

Na premiação do Oscar de 2019, Lady Gaga recebeu a estatueta pela melhor canção original com *Shallow*, do filme *Nasce uma estrela*, em que interpreta a protagonista Ally, uma garçonete que é alçada à fama por um cantor decadente interpretado por Bradley Cooper. Além de atuar, Gaga cantou e compôs parte da trilha sonora.

Com seu discurso, a artista emocionou milhares de fãs ao dizer: *"Não se trata de ganhar, mas de não desistir. Não importa quantas vezes você foi rejeitado, caiu e teve que se levantar. O que faz a diferença é quantas vezes você fica em pé, ergue a cabeça e segue em frente"*.

Foi um discurso definitivo e certeiro, como tudo o que é dito com a certeza daqueles que não se identificam com o papel de vítimas, e sim com a resiliência de uma pessoa forte, moldada com os golpes que leva.

Passamos boa parte da existência buscando a felicidade, e imaginamos que a encontraremos num lugar livre de conflitos e dor. Mas não é assim. A felicidade não resulta da ausência de conflitos, e sim da capacidade de lidar com eles. Não vem da falta de dor, e sim da eficiência em não valorizar a dor como o centro das atenções. Não da escassez de problemas, inquietações e inadequações, e sim da habilidade adquirida de não se deixar abater por elas. Não da ausência de limites, e sim da coragem de ser quem você é, de ousar assumir o que deseja, independentemente do que os outros vão dizer. Não da aposta dos outros em você, e sim da sua confiança em si mesmo.

Para ser feliz, é preciso ser forte. E a vida nos lapida. De um jeito torto, difícil, repleto de perguntas e nenhuma resposta, você será desafiado a desistir um milhão de vezes; mas, se você resiste, se você levanta a cabeça e segue em frente... ah... a vida recompensa. E aí então, num dia qualquer, você acorda e percebe que já não é mais o mesmo. Que está feliz não pela ausência de contrariedades, e sim porque se tornou mais forte e aprendeu a lidar com as adversidades.

Gosto muito do pensamento que diz: *"O fundo do poço te ensina lições que o topo da montanha jamais conseguiria"*. Embora seja uma bênção estar no topo da montanha, só reconheceremos isso quando já tivermos conhecido o fundo do poço. Pois é no fundo do poço que desenvolvemos a criatividade, aprendemos a dizer o famoso foda-se para um milhão de coisas, desistimos de querer estar sempre certos, nos tornamos nossos melhores amigos, descobrimos quem realmente está do nosso lado, adquirimos força e resiliência, começamos a valorizar momentos, toleramos as imperfeições das coisas e das pessoas, paramos de carregar os probleminhas numa mala e aceitamos aquilo que não podemos mudar.

Quem entra em briga e discussões por qualquer coisa, sente-se perseguido por bobagens, neurotiza relações e maximiza picuinhas do dia a dia jamais se sentirá feliz por completo. Pare de problematizar, de buscar motivos que justifiquem sua inércia, de se achar vítima do mundo. O maior responsável por sua felicidade e bem-estar é você mesmo. É clichê? Sim. Mas também é real. Sacode a poeira e dá a volta por cima!

Não te demores em descobrir onde deves se demorar

Não te demore para decidir o que deseja.
Não te demore para amar.
Não te demores em se declarar.
Nem tudo estará disponível por muito tempo.
Nem sempre quem você acredita que esteja na sua, estará eternamente.
Nem sempre quem te espera hoje, terá paciência de te esperar perpetuamente.
Não ache que a partida está ganha.
Que as pessoas que nos amam não desistem de nós.
Que o tempo não leva embora pessoas caras.
Que os filhos não crescem.
Não conte com o futuro, viva o hoje.
Diga que ama hoje.
Vá ao encontro daqueles que ama hoje.
Peça em namoro, peça em casamento, comemore com balões.
Tome coragem, encare aquele medo, vença as inibições.
Olhe nos olhos, quebre as idealizações, não viva de suposições.
Decida, assuma a postura de "ou vai ou racha", não confunda outros corações.
Não atrase sorrisos e gentilezas, não economize abraços e delicadezas.

Não prenda quem você não quer que fique; deixe ir quem não tem a intenção de ficar.

Use roupa de cama nova, sirva em taças de cristal, dance como se fosse carnaval.

Não te demores em valorizar quem se importa, quem faz tudo por um sorriso teu, quem ao seu lado permaneceu.

Não te demores em descobrir o que é importante, o que nunca mais se repetirá e, principalmente, onde deves se demorar...

Ache o que quiser de mim, isso não muda quem eu sou

Viver querendo agradar, desejando nunca desapontar ninguém, aspirando à perfeição, buscando corresponder a todas as expectativas, almejando jamais ser criticado... tudo isso cansa e provoca um desgaste enorme, uma perda de energia e um desrespeito tremendo por nós mesmos.

Leva tempo até que a gente aprenda que nosso valor não está nos elogios que recebemos ou nas decepções que não causamos, mas sim naquilo que a gente é realmente, independente das opiniões a nosso respeito.

É claro que não podemos viver isolados em bolhas protetoras, centrados no próprio umbigo, desprezando todo o resto, mas de vez em quando é necessária uma boa dose de autoconfiança para dar um foda-se a toda e qualquer exigência a nosso respeito e adquirirmos uma fé enorme em nosso jeito único de ser e de escolher, independentemente do que se espera de nós.

Certa vez li uma frase que dizia mais ou menos o seguinte: *"Autoestima não significa 'eles vão gostar de mim'. Autoestima significa 'tudo bem se eles não gostarem'"*. E é exatamente isso. Às vezes a gente foca tanto no desejo de agradar, na vontade de ser aceito, na expectativa de ser amado, que se afasta do mais importante: nós mesmos. Quando nosso desejo de ser amado pelo outro supera nosso autorrespeito, perdemos a capacidade de impor limites, de dizer "não", de nos resguardar, de nos reservar o direito de seguir nosso coração.

Viver preocupado com o que os outros pensam a meu respeito, com o que esperam de mim, com o que desejam que eu seja... é uma das formas mais cruéis de viver e se posicionar. As pessoas podem achar o que quiserem, podem me amar ou me odiar, isso não muda quem eu sou.

Zele por aqueles que você ama, respeite os que te cercam, honre sua família. Mas não se afaste de si mesmo só pelo desejo de agradar ou por não suportar as críticas.

Viver querendo agradar nos torna marionetes na mão de quem se vale da boa vontade alheia para satisfazer os próprios caprichos. Frustrações fazem parte da existência, e de vez em quando você vai frustrar ou decepcionar alguém, mas isso não põe por água abaixo todo o valor que você tem. Aprenda a suportar a ideia de que você não é infalível. Você também erra, também tem limites, também é imperfeito, e está tudo bem.

Faça o seu possível e peça a Deus que cuide do impossível. Você não controla tudo, não dá conta de tudo, não é infalível. Absolva seus erros, perdoe suas limitações, respeite seu tempo. Aprenda a dar limites, a dizer "não" àquela solicitação, a andar no seu ritmo. Você descobrirá que aqueles que te amam e te respeitam não deixam de estar ao seu lado quando algo não sai conforme o combinado. Ame-se o bastante para entender que você nem sempre será aceito como gostaria, e está tudo bem. E, finalmente, não se cobre tanto. Entenda que mais importante que fazer tudo certo é conseguir se perdoar quando algo dá errado. Diz o ditado: *"Seja uma boa pessoa. Mas não perca seu tempo provando isso"*.

Sob nevoeiro, use faróis baixos

Qualquer motorista conhece a regra: sob nevoeiro, use farol baixo. Porém, na vida, também deveria prevalecer essa norma, visto que nem sempre estamos diante de situações que dominamos completamente ou na presença de pessoas que conhecemos profundamente.

Na dúvida, não tenha pressa. Na incerteza, caminhe com cautela. Diante daquilo que não conhece ou não domina, vá devagar. Ande lentamente sobre terrenos incertos e, sob nevoeiro, use farol baixo.

Temos vivido tempos em que tudo caminha muito rápido, na velocidade de mensagens enviadas e prontamente visualizadas, no tempo das relações líquidas e pouco profundas, na fluidez de pensamentos e ações. Todo mundo se acha expert em todos os assuntos, todos se consideram conhecedores da vida do outro, todos acreditam que seu lado da história é o certo. Ninguém estaciona para apreciar a paisagem, ninguém abaixa o volume para ouvir o que o outro tem a dizer, ninguém acende o farol baixo sob o nevoeiro. Queremos ofuscar, engatar, acelerar, articular... e pouco nos preocupamos em silenciar, parar, ausentar.

Os dias têm passado muito depressa. Segunda, terça, quarta... sexta, fim do dia, fim de semana, próximo mês. Corremos atrás do tempo e, no entanto, o tempo se perde em divagações, conhecimento vago, deduções, perda de tempo. Com celulares em punho, queremos ler na frente a notícia, o boato, entender a divergência. E o instante que prometia ser extenso agora acusa que não há mais tempo.

Quero faróis baixos sob neblina, cautela perante o que não conheço, permanência em mim do que me traz apreço. Não quero a urgência de sair na frente, a incumbência de conhecer todas as notícias, a exigência de ter argumentos. Quero a serenidade da humildade, a paz de não me considerar perita em nada que não seja de minha alçada, a simplicidade de admitir que não sei realmente quase nada. Que o presente seja meu aliado e me traga alento, que eu não me perca com excesso daquilo que não entendo e que, restaurada pela leveza do momento, possa silenciar minha boca e meus pensamentos e, enfim, descobrir que é devagar que a gente aprecia a vida e pausa o tempo...

Não desista de ser quem você é. Um dia você será valorizado por ser exatamente assim

Muita gente não sabe, mas a *top model* Gisele Bündchen foi rejeitada como modelo 42 vezes no início da carreira. *"Lembro que me diziam que meu nariz era muito grande ou que meus olhos eram muito pequenos, que eu nunca poderia aparecer na capa de uma revista"*, contou a modelo à *People*. O desfecho dessa história, porém, todos conhecem. Em 2015, ano em que se aposentou das passarelas, Gisele Bündchen ganhou 44 milhões de dólares (aproximadamente 152 milhões de reais na época), e continua brilhando, sem nunca ter precisado se submeter a uma plástica do nariz ou desistir de seu sonho.

Muitas vezes condicionamos nossa autoestima e amor-próprio à opinião que os outros têm a nosso respeito, e vamos do luxo ao lixo em segundos, confiando muito mais no olhar de reconhecimento ou reprovação que recebemos do lado de fora do que em nossa própria habilidade de nos apreciar e valorizar.

As pessoas vão continuar criticando, dizendo que você não fica bem com essa roupa ou esse corte de cabelo, que você deveria agir assim ou assado, que seria de bom-tom você escolher melhor o filtro das fotos no Instagram. Do mesmo modo, alguns vão continuar indo embora, independentemente do que você faça ou represente para eles. Então, aprenda isto: o medo de ser abandonado ou criticado não pode ser o modulador de suas ações. Você não pode modificar sua essência movido pelo medo de perder alguém. Você não pode condicionar seu jeito de ser à ameaça de ser criticado ou abandonado.

Nem sempre é fácil bancar o desejo de ser quem a gente é. É preciso muita coragem, maturidade, autoconfiança e amor-próprio para nos assumirmos por completo, pois correremos o risco de quebrar algumas promessas e desagradar a alguns, mas certamente vamos sustentar nosso desejo de autenticidade, coerência e autorrespeito.

O que é defeito para uns pode se tornar o atrativo principal para outros. O que alguns rejeitam pode ser a "pedra angular" para tantos. Em um momento ou outro teremos que lidar com o desprezo, a crítica e a rejeição, mas isso não anula nosso valor. Isso só nos lapida e ensina que ninguém é unanimidade ou cabe em todos os lugares.

Nem todos vão te dar valor. Nem todos serão recíprocos com você; aprovarão seu guarda-roupa sisudo ou muito extravagante; ou sorrirão quando você chegar. Mas nem por isso você deve desistir de ser quem é. Nem por isso você tem de abrir mão de sua espontaneidade e originalidade. Não fuja de você. Não abandone seu jeito. Não sacrifique sua essência pelo medo de não ser aprovado.

Não se ofenda por tão pouco, nem se torture pela necessidade de reconhecimento e validação. Não é sempre que a gente é aceito, e está tudo bem. Correr atrás de aprovação é um processo desgastante, desastroso e muito doloroso; e nos condena a viver sob o peso do julgamento alheio, sem leveza ou absolvição.

Um dia alguém vai querer ficar, porque enxergará em você aquelas qualidades que nem todos enxergam de primeira, mas que com o tempo e alguma habilidade transbordam com gratuidade. Porém, antes disso você vai encontrar seu lugar no mundo, e a sensação de pertencimento lhe dará a certeza de que valeu a travessia, pois a insistência na felicidade nada mais é que o encontro com a autenticidade.

> "Quando você menos espera, a vida te vira do avesso, e você descobre que o avesso era seu lado certo"*

Sabe quando você era criança e pegava jacaré na praia? De vez em quando vinha uma onda maior e mais forte e te derrubava com tudo na areia, fazendo seu corpo girar sem norte, enquanto você se esforçava para respirar e engolia um monte de água. A onda gigante pegava-o desprevenido, não te dava a chance de escolher se ia, se ficava ou recuava. Ela simplesmente surgia do nada e bagunçava seu mundo, seus castelos, sua alegria.

De vez em quando a vida faz o mesmo. E a gente descobre que certas coisas acontecem sem nosso consentimento, sem nossa permissão, sem que a gente tenha tempo ou chance de autorizar. Certas coisas não pedem licença para ocorrer, e nos levam a acreditar que na vida não somos donos, mas meros convidados.

Contudo, nem toda mudança súbita é ruim, e o que parecia uma onda gigante a te arrastar pela areia da praia pode ser o impulso que faltava para você chegar a águas mais profundas, ou o sopro necessário para você surfar em um oceano mais generoso.

Acontece de a vida te virar do avesso e você descobrir que o avesso é seu lado certo. Nem sempre essa descoberta é óbvia de imediato, e pode levar algum tempo até que você descubra que aquilo que achava tão perfeito na verdade nunca serviu para você.

---

* Esta frase é atribuída a Caio Fernando Abreu. (N. da A.)

Enquanto você insiste naquilo que seria e não aceita o que é, você não enxerga as possibilidades. É como o passageiro que pega o trem errado e segue a viagem toda se queixando da confusão, ao passo que poderia ter usado o tempo para usufruir das novas paisagens, das novas companhias, da nova rota. Lamentar o que foi perdido não muda nada — mas ter jogo de cintura e otimismo para reverter a situação a nosso favor faz tudo se transformar.

Deixe a vida te virar do avesso e descubra que o avesso pode ser o lado certo para você. Quem disse que o que parecia bom para eles seria o seu lado ideal? No avesso você pode encontrar o ponto certo, a possibilidade nova, a cor mais viva. No avesso você pode adquirir um olhar novo para a existência, e descobrir que dá para ser feliz a sua maneira, perdendo o telhado, mas ganhando as estrelas...

Não tem como ser um erro se foi um caminho

Ainda de férias, assisti ao arrebatador *Questão de tempo* com meu filho. Entre travesseiros, cobertores e edredons que julho trouxe, e na penumbra do quarto escuro, o filme com mais de 120 minutos se desenrolou ligeiro e, quando os créditos finais subiram, eu estava em prantos, mas grata por ter vivenciado esse tempo bom ao lado do meu menino, que está crescendo rápido demais.

Muito além de uma comédia romântica água com açúcar, o longa de Richard Curtis faz uma belíssima reflexão acerca de nossas escolhas e sobre a forma como decidimos usufruir nosso tempo. A pergunta que o filme sugere é: "E se cada momento viesse com uma segunda chance?".

Fazia tempo não eu assistia a um filme que despertava tantas emoções em mim, e confesso que desde então tenho feito o exercício de me esforçar para estar inteira no que faço e de tornar todos os momentos prazerosos, até aqueles mais difíceis ou complicados.

Quanto à questão das escolhas, ou ao que eu faria se me fosse dada uma segunda chance, penso que tudo o que experimentei até aqui foi necessário para que eu me tornasse quem sou, e, no fim das contas, eu gosto do que vejo. Desse modo, tudo o que aconteceu até o momento, tenha sido bom ou ruim, foi um caminho.

Não tem como ser um erro se foi um caminho. Não tem que haver arrependimento se você deu o seu melhor. Não tem que sentir culpa, se você foi de verdade. Não tem como achar que foi tempo perdido, se de alguma forma te modificou para sempre.

Eu queria te dizer que, quando você se sentir tentado a lembrar do passado com arrependimento ou mágoa, faça o exercício de imaginar como estaria sua vida hoje se você tivesse sido poupado das "provas de fogo" pelas quais já passou. Nem sempre as dores são infortúnios; muitas vezes elas são bênçãos disfarçadas, pois nos lapidam, aprimoram, e nos dão a capacidade de reverenciar os momentos de uma forma que teria sido inimaginável antes.

Bartolomeu Campos de Queirós, em seu *Vermelho amargo*, que me fascina, escreveu: "Há dias em que o passado me acorda e não posso desvivê-lo". Bartolomeu e nós, meros mortais, realmente não podemos desviver o passado como os personagens de *Questão de tempo*. Viagens no tempo estão fora de cogitação, e por isso torna-se primordial viver o tempo que nos resta com maestria, entendendo que, se assim o fizermos, será desnecessário almejar superpoderes que nos permitam refazer nossa jornada — pois teremos olhado a vida com tanta sensibilidade e presença, valorizando quem amamos e os instantes mágicos que vivemos, que não restará nem sombra de arrependimento.

A importância de fechar ciclos e perdoar as mágoas do passado

Fui à estreia do novo *Rei Leão* com meu filho pré-adolescente. Eu já havia assistido à primeira versão em 1998 e estava animada para apresentar a ele a história de Simba, Mufasa, Nala e Scar. Uma das grandes lições do filme diz respeito ao "Grande Ciclo da Vida". Sempre me comove a parte em que Mufasa, o pai, diz a Simba, o filhote: "O tempo de um reinado se levanta e se põe como o sol. Um dia o sol vai se pôr com o meu tempo aqui, e vai se levantar com o seu como o novo rei".

Assim como na natureza, nós também fazemos parte de um delicado equilíbrio e, apesar de nossa resistência e apego ao que foi vivido, somos construção e desmoronamento, emersão e naufrágio, elaboração e aniquilamento, preenchimento e vazio, gozo e desgosto, aflição e satisfação, presença e ausência, perdas e ganhos, finalizações e recomeços, inquietação e reinvenção.

Em seu livro *Perdas e ganhos*, Lya Luft nos diz: "A tarefa de viver nunca se conclui, a não ser que a gente determine". Essa frase faz muito sentido para mim num momento em que busco me despedir de tudo aquilo que antes me definia e que hoje não tem mais cabimento nem lógica em minha nova etapa de vida.

Muitas vezes a gente altera as coisas do lado de fora, mas não modifica nada do lado de dentro. Corta o cabelo, muda de casa, pede demissão, altera o status de relacionamento do Facebook, tem um filho... mas continua repetindo padrões de insegurança, orgulho, culpa, mágoa, egoísmo, vitimização. Aparenta leveza no sorriso, porém tem uma lâmina aguda cravada no próprio peito. Diz "vida que segue" para os amigos; no entanto, no quarto escuro, bate na tecla do saudosismo. Parece bem resolvido no discurso, mas não consegue encontrar sentido no próprio percurso. Arrumar as gavetas e acender um incenso são pequenas atitudes que ajudam; contudo, é preciso mergulhar um pouco mais fundo se quisermos nos desconstruir e experimentar a vida mais profundamente.

Acho lindos os ritos de passagem festivos e religiosos: as celebrações que assinalam o fim da infância e o início da adolescência, as cerimônias de formatura e graduação, o batismo, o casamento. Esses rituais são marcos importantes que marcam o fim de um tempo e o início de outro, e ajudam na assimilação de que é chegada a hora da mudança.

Nem sempre haverá um ritual a nos indicar que um momento de transformação interna se aproxima. Cedo ou tarde, esse momento chegará. Sem barulho, sem placas de aviso, sem intimação. Mas certamente sinalizado por uma dor ou incômodo muito grande gritando para ser modificado.

Como uma pedrinha inconveniente dentro do sapato, o momento que antecede à mudança é sempre incômodo. Porém, você pode optar por continuar andando com aquele grãozinho saliente em seu calçado ou decidir fazer algo a respeito. Geralmente as maiores mudanças vêm de grandes dores.

As maiores transformações acontecem silenciosamente, sem alarde, dentro da gente. Não há barulho, nem mudança no status do Facebook, muito menos foto no Instagram. Pode surgir a partir de um motivo grandioso ou vir à tona após uma frase lida num livro novo. Naquele momento de transformação que é só seu, você se torna guardião da história que quer contar, e rompe os vínculos com tudo aquilo que impede ou dificulta o seu passo. Você toma consciência de suas autossabotagens, de suas proteções, de seus apegos. E decide que é chegada a hora de fazer uma fogueira e queimar tudo o que ainda te prende ao passado, e que, para seu próprio bem, não pode mais caminhar a seu lado.

Fiz essa fogueira — real e interna — esta semana. Eu vivia de mãos dadas com a nostalgia, e não percebia que ela era irmã da melancolia. Sem noção dos danos provocados pelo apego às coisas do passado, eu colecionava cartas antigas e, junto com elas, acumulava mágoas, tanto do remetente quanto de outras pessoas ao meu redor (ouvi dizer que tudo está conectado). Descobri que não adiantava querer me livrar das mágoas sem me livrar das cartas. Então, movida pela coragem que o encerramento de ciclos requer, coloquei fogo em um acervo que já contava com mais de 25 anos. Foi bonito ver as chamas subindo, queimando tudo, e levando embora — pelo menos naquele momento — os ressentimentos e a dor.

Ninguém habita o presente e o passado ao mesmo tempo, e tentar jogar uma partida aqui com o pensamento lá será sempre um desastre. Não traga de volta antigas lembranças; elas sempre estarão envoltas em antigos rancores, e nem sempre você terá domínio sobre suas emoções. Encerre ciclos, desapegue-se do passado, não olhe pra trás. Vida é erro e acerto, arrebatamento e assombro, tragédia e glória. Mas é, acima de tudo, transformação e impermanência...

Será sempre assim. Em um dia você perde o telhado, no outro ganha as estrelas

Tinha apenas vinte e sete anos e já estava cansada de tentar entender tudo. Vinte e sete anos e desejava a paz de desconhecer a maioria dos mistérios do mundo. Tinha se formado em engenharia, mudado de cidade, se casado com o terceiro namorado. E agora, aos vinte e sete, encarava a face incompreensível da vida pela primeira vez. Havia um mistério envolvendo a maioria de todas as coisas que julgava certas, e desvendar esse mistério não era mais uma busca ou necessidade. Ia permitir-se ser parte do mistério também.

Nem tudo mora no visível, agora ela compreendia. Assim, questionou a própria mania de listar prós e contras, a arrogância de achar-se perita nos mais diversos assuntos, a satisfação de decifrar as mais complicadas equações, o desejo de controlar tudo. O imprevisível e o inexplicável tocavam sua face agora, e abraçar a nova realidade era sua única saída e salvação.

Sua força não estava mais nos livros que leu, nos cálculos que resolveu, nas músicas que ouviu, nos filmes a que assistiu. Sua força estava no mistério que a habitava, e que a conectava de uma forma nova com a vastidão do mundo e da vida.

Tinha nascido Tereza, mas agora se tornava uma mulher muito diferente daquela que sua mãe pariu. O novo parto, sem anestesia alguma, trouxe à tona uma nova Tereza, a que desistia de tentar entender ou explicar, e apenas aceitava. Aceitava sua singularidade, a incapacidade de moldar-se para agradar, a escassez de certezas. Era mais contemplação que contestação, mais mergulho em si mesma que medo de se aprofundar, mais contradição que simetria.

Vinha descobrindo seu próprio tempo; não o tempo dos relógios, mas seu tempo interno, e esse era o que mais importava agora. Seus novos instantes traziam uma escuta atenta a seus desejos, um perdão a suas imperfeições e um enorme respeito por sua individualidade.

Abria mão da culpa e confraternizava com a alegria clandestina que vivia dentro dela. Sua felicidade mais pungente era aquela que abraçava sua alma e a fazia sorrir, assim, do nada, no meio de uma conversa animada ou recolhida em seus próprios pensamentos.

Não encontrara respostas, mas a constatação de que há muito mais por aí do que a gente possa entender ou explicar tirara um peso de seus ombros. Abria mão do controle, dos palpites, dos juízos e das previsões. Queria a liberdade de afogar-se em seu próprio pranto ou de transbordar seu riso e gozo sem condenações.

Tinha 27 anos e havia amadurecido. Não por ter se formado em engenharia, casado com o terceiro namorado e mudado de cidade. Mas sim porque, mesmo sem entender, decidira abraçar a própria história com todas as lágrimas, noites sem dormir, borboletas no estômago e alegrias dançarinas que vieram se somar, sem convite, ao que ela era.

Desistiu de compreender a vida quando a casa que construíra dentro de si perdeu o telhado. Ganhando as estrelas, teve a clareza de que muitas vezes a gente perde o que achava importante mas conquista o que não imaginaria, nem em um milhão de anos, que aqueceria nosso coração. Vida é mistério...

ESPERANDO NOTIFICAÇÕES

SERENDIPITY

Ela era poesia. Ele não sabia ler

Ela sabia que havia diferença entre os finais felizes e os finais necessários, mas ainda assim insistia em acreditar que, do seu jeito torto, devagar e cheio de ilusões era capaz de modificar a realidade e enxergar felicidade nas circunstâncias miúdas, muitas vezes esquecidas e despercebidas. Ela apostava mais na doçura que na amargura, e tinha uma fé inabalável de que, mesmo que seu caminho estivesse mais nublado que ensolarado, Deus sussurrava em seu ouvido: "Não desista, menina!".

Ela não fingia ser assim. Tampouco se esforçava. Tinha nascido poesia, e se encantava com pequenos galanteios, letras de música falando de saudade, versos de Caio Fernando Abreu num livro antigo e cheiro de café numa livraria charmosa. Não sabia guardar rancor, se esforçava para se desapegar daqueles que a rejeitavam e rascunhava sonhos num caderno doado.

Acostumou-se a ser poesia, a enxergar poemas, a extrair delicadezas, a desejar gentilezas. E acabou calculando errado. Na sua mente tão congestionada, permitiu que ele, tão frio e errado, ali fizesse morada. Dentro de seu coração generoso não cabiam dúvidas e divagações. E por isso ela insistia em ver nele versos que ele nunca soube ler. Ela teimava em ouvir dele poemas que ele nunca quis recitar. Ela esperava dele danças para as quais ele jamais ousou convidá-la para dançar. Ela dançava sozinha, escutando em seu ouvido canções que jurava que ele compusera para os dois; mas era tudo fruto de sua imaginação, de seu encanto pela vida, de sua alma colecionadora de ilusões.

Um dia ela acordou e percebeu que talvez a felicidade também tivesse a ver com pontos-finais. Que estava na hora de guardar seu amor por dentro e direcionar seu afeto para si mesma. Começou a entender que não era fácil desistir dele, porque, mais do que amá-lo, amava a sensação que amá-lo provocava nela. Devagar descobriu que poderia fazer poesia do vazio e das esperas. E que, em algum lugar, não muito longe dali, haveria um menino poema como ela, capaz de lembrá-la todos os dias que é preciso força e coragem para insistir na doçura num mundo cheio de amargura.

Só permaneça onde existe reciprocidade

Em tempos de amores líquidos, reciprocidade é fundamental.
É ela que diz que estamos no caminho certo ao enviar um "bom-dia" carinhoso àquela menina pelo WhatsApp, ou um áudio com uma coletânea bacana pelo Spotify. É ela que autoriza o comentário entusiasmado na foto do crush interessante ou a curtida frequente nos posts da gata fitness.

Mesmo não sendo adepta de estratégias e joguinhos de poder no campo amoroso, acredito no significado da reciprocidade. De só permanecer em relações em que não é preciso insistir para receber uma resposta ou implorar para ser valorizado como se deveria.

Muitas vezes é preferível abrir mão de uma relação que julgamos importante a continuar insistindo sem correspondência alguma.

O que vejo por aí é que tem faltado discernimento para entender no que não se deve insistir. No que não vale a pena investir tempo, pensamento, vontade e intensidade na vã tentativa de se sentir acolhido por alguém que simplesmente não está nem aí.

Muita coisa é simples, a gente é que complica. Se alguém visualizou sua mensagem e não respondeu em dois dias é porque não quis. Não faltou tempo, faltou interesse.

A gente sempre arruma tempo para o que está interessado. Para responder a um bom-dia, comentar uma foto original, curtir uma música, agradecer uma lembrança, desafogar uma saudade. Porém, nem sempre há interesse ou correspondência do outro lado. Nem sempre há vontade ou prioridade. E, mesmo tentados a entender e justificar, deveríamos apenas recuar. Dar dois passos para trás, silenciar, desapegar, desacelerar.

Porque são tempos líquidos. A fila anda muito depressa, formamos laços frágeis uns com os outros, vivemos incertos a respeito do que pensam e dizem sobre nós. Os aplicativos são atualizados constantemente, e nos perguntamos em qual versão nos enquadramos. Diante de tudo isso, só estamos seguros onde existe reciprocidade. Onde nosso afeto não é descartado, e sim valorizado. Onde nossa expressão de afetividade e afinidade encontra abrigo e não sucumbe à necessidade de ser "atualizada".

Encontrar reciprocidade num mundo que gira tão rápido é entender que alguém ainda nos dá a mão no meio de tanto turbilhão. É saber que diante do tempo que acelera tanto ainda há o que esperar dos vínculos que construímos e dos laços que firmamos.

Por isso não há o que esperar dos laços que se afrouxam. Por mais que a gente se empenhe em manter certas amarrações, elas não se firmam. Nesse caso, o melhor é se desligar. Entender o fim de um tempo, a desistência de alguns planos, a frustração de certas expectativas. Não alimentar desejos em cima de terrenos frágeis, nem atribuir sentimentos a quem simplesmente não está do nosso lado.

Exercite o amor-próprio e valorize os vínculos que construiu. Não permita que o tempo dissolva relações importantes, e preserve com carinho os novos laços que querem surgir. Porém, só permaneça onde existe reciprocidade. Não insista, não implore, não alimente relações unilaterais. Antes de tudo, seja amoroso com você. A vida é recíproca com quem se trata bem.

O segredo dos seus olhos

Um dos meus filmes preferidos é o premiado *O segredo dos seus olhos*, do diretor Juan José Campanella. O longa argentino de 2009 aborda de forma sensível e profunda a complexidade da alma humana, e consegue retratar belíssimamente o mundo invisível que cerca a troca de olhares entre duas pessoas.

Na trama, Benjamin Espósito, vivido por Ricardo Darin — dono de um dos olhares mais expressivos da história do cinema —, é um oficial de justiça aposentado que decide ocupar seu tempo livre escrevendo um livro de ficção. Para isso, usa como ponto de partida um crime ocorrido 25 anos antes e que o impactou profundamente na época. Sendo assim, ele retorna ao tribunal, onde trabalhou em 1974, e depara com uma antiga funcionária que permanece empregada lá.

Nesse momento, temos Benjamin Espósito na meia-idade, revelando seus segredos e sua alma no olhar que dirige à antiga colega, Irene Hastings. A partir daí, o filme inteiro transita entre 1999 e 1974, trazendo diversos flashbacks, levando-nos a compreender as renúncias, privações, temores e paixões contidas nessa intensa e profunda troca de olhares.

Somos seres complexos. Nem tudo tem explicação, nem tudo pode ser compreendido ou decifrado. Algumas emoções surgem sem pedir licença, e alguns olhares nos traem mesmo quando tentamos ocultar uma tristeza, uma mágoa ou uma paixão.

Acredito que a beleza de *O segredo dos seus olhos* resida na não concretização do desejo. Essa dor, essa impossibilidade e tristeza permeiam todo o filme e, ao mesmo tempo que não entendemos o temor, somos arrebatados pela paixão platônica entre os dois e nos apaixonamos junto com Benjamin e Irene, experimentando toda a vida não concretizada que reside naqueles olhares.

Acredito que algumas histórias se mantêm mais bonitas quando não são vivenciadas. Quando permanecem no campo do sonho, da imaginação, da fantasia. Quando habitam aquele mundo secreto dos olhares e pensamentos, como se houvesse uma outra dimensão, fora desta que podemos tocar.

Essas histórias, caso rompam a barreira do sonho e se concretizem, podem causar frustração, desapontamento, rompimento com a beleza. Porque foram feitas para existir somente naquele mundo invisível do encantamento. E esse é um mundo rico também. Uma experiência que nos mostra que a complexidade de nossa alma é muito maior do que podemos supor.

A história de uma pessoa não é meramente o que aconteceu, o que se concretizou. Abrigamos palavras não ditas, caminhos não escolhidos, sonhos não realizados. Nem tudo cabe em nossa existência, nem tudo pode ser dito ou expresso, mas essa outra vida caminha conosco, vai dentro da gente. Nossas vidas não vividas nos acompanham, quer tenhamos consciência disso ou não.

Adoro o livro *O que você é e o que você quer ser*, de Adam Phillips. Nele, o psicanalista aborda nossas vidas não vividas, aquelas que compreendem os amores não correspondidos, o sucesso não alcançado, o desejo não satisfeito. E ele diz que "nossas vidas não vividas — aquelas que vivemos na fantasia — são com frequência mais importantes para nós do que aquelas que chamamos de 'vidas vividas'".

Igualmente, o escritor escocês John Burnside afirma: "Penso que nada seja tão importante quanto aquilo que jamais aconteceu".

Não sei se concordo com essas afirmações, mas acredito que faz parte da condição humana essa tendência de se fixar naquilo que não se tem, na ilusão, na impossibilidade.

E talvez tenha sido esse o motivo que conduziu Benjamin Espósito a agir como agiu em relação a Irene. Talvez ele tivesse medo de que a realidade pudesse estragar tudo. Pode ser que ele temesse o fim do encantamento ao tornar as coisas possíveis. Ou tenha fugido do amor por querer prolongar a paixão. E ele conseguiu. Ao evitar o amor, se manteve apaixonado por Irene, e ela por ele.

Benjamin amava e temia amar. E esse amor/temor é revelado tanto através dos olhares quanto na escrita. Ele tinha um bloqueio criativo, que foi lindamente retratado no jogo entre as palavras "Eu te amo" e "Eu temo". Explicando: a tecla "A" da máquina de escrever não funcionava para Espósito, e por isso ele nunca conseguia escrever "Eu te **a**mo". No lugar disso, escrevia "Eu temo", transparecendo seu medo de viver esse amor.

Para terminar, uma palavra que li certa vez num livro, que foi listada no *Guiness book* como a mais sucinta que existe: *mamihlapinatapai*, da língua yagan da Terra do Fogo. Ela descreve "um olhar trocado entre duas pessoas no qual cada uma espera que a outra tome a iniciativa para algo que as duas desejam, mas nenhuma quer começar ou sugerir". Sendo assim, só posso acreditar que, por mais que a gente tente esconder, o nosso olhar é mesmo um espelho de prata de nossa alma.

Não confunda minha gentileza com interesse por você

Quando lhe enviei aquele vídeo, era só para dizer que achei a música linda e a melodia contagiante; não precisava sumir achando que o foco era você e sua aura radiante.

Quando deixei de curtir sua foto do carnaval não foi porque estava "de mal", muito menos porque não gostei da sua fantasia; simplesmente não tive tempo de apreciar a alegoria.

Quando te cumprimentei com dois beijinhos foi porque quis ser cordial, não sabia que meu gesto pegaria tão mal.

Quando você cria histórias na sua mente e me coloca no seu enredo, qualquer gesto meu vira dança ou cobrança. Mas existe uma grande diferença entre ser gentil e estar interessado. Uma grande distância entre minha falta de tempo e qualquer descaso.

Não crie romances onde não tem. Não construa pontes para quem não vem. Não alimente expectativas em cima de sinais vagos e semblantes incertos. Não se ofenda com demoras de quem nunca deu certeza de estar por perto.

Você sumiu por achar que eu corria atrás de você. Mas meu bem, veja bem, eu quis apenas ser gentil encaminhando aquela mensagem, e você se assustou por não entender minha abordagem. Não se confunda com a realidade, nem fuja de situações que não são verdade.

Nem sempre meus sinais são de interesse. Não é porque te mando um "bom-dia" pela manhã ou curto sua foto no Instagram que desejo me casar com você. Não confunda carinho sincero com amor eterno.

Não se assuste nem faça pactos com o silêncio só porque elogiei sua imagem ou encaminhei uma mensagem.

Não se ressinta da ausência de quem nunca disse que viria. Não julgue o silêncio de quem nunca afirmou que falaria. Não se magoe por tão pouco, nem se alegre demasiadamente por uns meros e rasos *likes*.

É preciso contar com aquilo que tem consistência para nós. Com afetos declarados, convite para jantar, beijo correspondido. Não viver se vangloriando por suposições vagas, nem se lamuriando por respostas escassas.

A vida, ainda que pareça ter muitos filtros, pode e deve ser medida pela realidade, seja ela qual for. Se eu quiser te conquistar, não terei receio de me declarar. Se minha intenção for me afastar, terei coragem de me retirar. Porém, se minha pretensão não for me declarar nem me afastar, continuarei seguindo com minha vida, sem iniciar ou desfazer "romances" só porque na sua imaginação de alguma forma estamos juntos.

Não confunda minha gentileza com interesse por você. Não se gabe nem se torture com meus sinais, pois pouco ou nada significam nos dias atuais. Gostar de você é fato, mas esperar que nossa vida se torne um romance é boato.

Serendipity

Dia desses revi uma comédia romântica na Netflix e, mesmo que eu já conhecesse o enredo por ter assistido ao filme no cinema com meu marido em 2001, me surpreendi com o significado de um termo que define o filme, e que é pouco conhecido aqui no nosso país. A palavra *serendipity*, de origem inglesa, significa "feliz acaso" e poderia explicar a sorte de encontrar algo precioso que não estávamos procurando. No filme *Escrito nas estrelas*, Sara Thomas (Kate Beckinsale) espera que o universo conspire a favor dela e confirme seus sentimentos por Jonathan Trager (John Cusak). Para isso, ela desafia as possibilidades reais de um reencontro com aquele que seria seu escolhido e espera que o acaso — ou *serendipity* — os aproxime. Ela diz que, se tiverem que ficar juntos, eles encontrarão o caminho de volta para a vida um do outro.

Há tempos carrego comigo uma curiosidade acerca das coincidências, sincronicidades ou dos acasos que permeiam nossa vida, como se o universo confirmasse ou contestasse nossos desejos e ações. Como no dia em que me perdi voltando do shopping e deparei com um imóvel à venda, aberto a visitação. Eu tinha acabado de dar à luz, e fora ao shopping comprar um vestido para o casamento de meu irmão. Perdida, ansiosa para retornar ao meu apartamento, tive o impulso de descer do carro e conhecer a casa, embora não tivesse a intenção de me mudar. Anos depois, quando decidimos deixar o apartamento e ir para um lugar maior, me lembrei do fato e voltamos àquele lugar. O imóvel estava desocupado, e nós o compramos. Se isso não é um "feliz acaso" ou *serendipity*, não sei o que é!

Dizem que a invenção do Post-it foi assim, do mesmo modo que a descoberta da penicilina e o "encontro" da América por Colombo. O que nos leva a crer que é preciso andar atentos e abertos à interferência do acaso, dar vazão à intuição e entender que às vezes o universo conspira a nosso favor, modificando, alterando nosso curso nas entrelinhas da rotina, muitas vezes contrariando aquilo que realmente buscamos. Ele nos mostra possibilidades novas e muitas vezes lindas durante os desvios de rota ou pequenas tempestades que atravessamos.

Às vezes, ao enfrentar um período tenso, no meio do caos você não consegue enxergar os "felizes acasos" que estão ocorrendo. É como quando você se perde no trânsito, e o desvio de rota o conduz a um mirante lindo, com vista para a praia. Você pode decidir que aquilo foi uma bênção, descer do carro e apreciar a vista, ou pode se lamentar e perder a oportunidade que o universo lhe dá. O mesmo ocorre nos relacionamentos. De vez em quando focamos tanto em nossas vontades, em nossas intenções, que não percebemos aquilo que o universo quer nos comunicar. Os imprevistos podem ser grandes bênçãos se a gente deixar.

Conheci meu marido em 1997, no meu primeiro local de trabalho. Eu não tinha ideia do conceito de *serendipity*, e desconhecia os sentimentos dele por mim. Mas algo me dizia que aquele olhar terno que me cumprimentava cordialmente pelos corredores do centro de saúde carregava um brilho diferente, até mesmo mágico. Minha intuição se confirmou três anos depois, quando ele me chamou para sair e confessou que havia anos pensava em nós dois. Nos casamos um ano depois, e lá se vão dezessete. Tenho certeza de que estava "escrito nas estrelas", e, por mais que tivéssemos tido relacionamentos anteriores, cujos términos nos trouxeram grandes sofrimentos, foi um "feliz acaso" termos ido trabalhar no mesmo local e estarmos abertos aos sinais.

Sinais... É muito importante estarmos atentos aos sinais. E para isso é necessário olhos atentos, ouvidos perspicazes, coração puro e mente aberta. Os "felizes acasos" acontecem para quem sabe reconhecer oportunidades em qualquer casualidade, e para quem consegue atribuir sentido às pequenas coincidências do cotidiano. Não precisamos achar que o universo só vai conspirar a nosso favor se encontrarmos o nome de nosso amado escrito numa nota de 1 dólar, mas podemos, sim, reconhecer pequenos sinais que nos aproximam ou desviam de nosso caminho, mostrando que nem tudo é regido pelas nossas vontades ou intenções, mas que, ao contrário, há coisas que ninguém explica. Elas simplesmente acontecem, aleatoriamente, livremente, e nos conduzem a um lugar novo, muitas vezes melhor.

Por fim, temos que reconhecer o poder de nossos sentidos. O poder que uma canção, um pôr do sol, uma refeição têm de nos mobilizar e nos aproximar daquilo que precisamos aprender. Quanto mais sensíveis somos, mais alertas ficamos à letra de uma música, à beleza de uma paisagem, ao sabor de um prato. E isso nos torna mais intuitivos, mais sincronizados com a eternidade, mais aptos a reconhecer os presentes de Deus. Às vezes você liga o rádio do carro e, justamente naquele dia em que precisa de uma resposta, toca uma música significativa. Vai à padaria e, enquanto está na fila, sente um perfume conhecido. Abre um livro e encontra uma solução nas entrelinhas. Você pode chamar de um amontoado de coincidências ou de oportunidades que o universo lhe dá. Cabe a você ignorar os sinais ou, atento às descobertas felizes que ocorrem quando você não está procurando, chamar de "feliz acaso", ou *serendipity*...

Se uma pessoa trata você como se não desse a mínima, ela genuinamente não dá a mínima

A maioria de nós já se apaixonou. Foi correspondido. Achou que era correspondido. Foi rejeitado. Achou que poderia dar certo e não deu. Amou e foi amado. Achou que seria pra sempre e não foi. A maioria de nós já foi vítima dos próprios enganos, da própria necessidade de se sentir amado mesmo quando não havia sinais de amor, da própria vontade de dar certo mesmo quando não havia certeza de nada.

Quase todos os relacionamentos são precedidos de um período de dúvidas e suposições. Ao sentirmos o coração acelerar e as pernas bambearem, nos perguntamos se será ou não pra valer. Ainda não há sinais nem garantias de permanência, vínculo, solidez. Mas, mesmo assim, pouco a pouco afrouxamos nossas defesas e, conscientes disso ou não, nos tornamos vulneráveis ao que o outro sente por nós. Se somos correspondidos, bingo! Se não, a história se complica.

Estar vulnerável aos sentimentos de outra pessoa é uma das piores sensações que existem. Pois nessa situação ficamos dependentes de um sinal, de um emoji banal no WhatsApp, de uma frase clichê no Facebook, de um comentário suspeito numa página em comum… para nos sentirmos bem. Nada mais tem sentido se aquela pessoa está quieta, sem comunicar nada, sem dar a mínima. Nós nos agarramos a pequenos indícios de interesse e tentamos encaixar as peças de um quebra-cabeça que não se completa.

Agora preste atenção. Existe um sinal que nunca deveria ser desprezado. Um sinal que deveria ser levado em consideração a qualquer hora, em qualquer circunstância: "Se uma pessoa trata você como se não desse a mínima, ela genuinamente não dá a mínima". E você precisa aprender a enxergar isso com clareza. A aceitar isso com convicção e firmeza. A colocar limites para seu espírito sonhador e coração de manteiga. Porque, se você não entende isso, se conta mentiras para si mesmo várias vezes ao dia e tem necessidade de fazer castelinhos com as migalhas que recebe, está faltando respeito por si mesmo. Falta maturidade para aceitar que as coisas são como são, o resto é só divagação pra iludir o coração.

Se uma pessoa some, responde a mensagens longas com um simples sinal de "joinha", não te procura, ignora sua presença e age como se vocês nunca tivessem tido algo em comum, essa pessoa não tem o mínimo interesse em você. E, mesmo que de vez em quando ela oscile o comportamento e dê sinais vagos e esperanças miúdas de mudança, nunca, jamais, de forma alguma caia nessa.

Ok, você diz. Mas como a gente faz para esquecer?

Esquecer alguém que se ama não acontece da noite para o dia, num estalar de dedos. O esquecimento começa com a vontade de colocar um ponto-final e o empenho em não olhar pra trás. Mas também requer respeito pelos próprios sentimentos, que vez ou outra podem resgatar uma saudade. Porque no fundo a gente nunca esquece completamente. O que acontece é que a lembrança vai ficando menor, distante, apagada... mas, de qualquer jeito, sempre presente. E vamos ter que conviver com isso, entendendo que alguns amores funcionam melhor quando são só saudade.

A maioria de nós já foi vítima dos próprios enganos, da necessidade de se sentir amado a todo custo, de insistir num buraco sem fundo, de tentar salvar um barco que afunda. No entanto, chega uma hora em que é preciso dar um basta. Entender que, se um sapato não está te servindo, ele genuinamente não é para você. E com isso sentir-se pronto para recusar o que te fere e abraçar o que te faz bem.

Você não vai se curar voltando para o que te deixou em pedaços

Há um ditado que diz: "Gato escaldado tem medo de água fria". Isso serve para diversas ocasiões, e significa que aqueles que sofreram com alguma situação farão de tudo para que ela não se repita.

Você não precisa viver blindado, se protegendo de sentir demais, amar demais, confiar demais. Porém, é necessário aprender a se resguardar, a se preservar, a não entregar seu coração para qualquer um, a não expor suas dores de graça nem ser publicitário de suas dificuldades e carências.

Jamais estaremos imunes a nos machucarmos pelas circunstâncias. Viver é um exercício de resiliência e aprendizado, e somente aqueles que não se aprofundam, preferindo viver superficialmente, não se expõem aos riscos. Mas também não vivem. Também não experimentam os desatinos e delícias de amar profundamente; não conhecem o gosto salgado da pele que transpira e dos olhos que choram; não saboreiam a conquista da intimidade e a dor da vulnerabilidade com a mesma coragem.

Porém, às vezes a gente se confunde. E sente falta de um relacionamento ruim por causa das emoções oscilantes que ele proporcionava. Essa adrenalina vicia. Você pensa que sente falta da pessoa, mas o que está fazendo falta é a emoção — nem sempre positiva — que a relação despertava em você. E agora que está livre e pode surfar em águas mansas e cristalinas você se pergunta aonde foi parar aquela tempestade que te movia.

Não caia nessa. Você não vai se curar voltando para o que te deixou em cacos. Você não vai se reerguer reprisando a mesma história dolorosa. Pois as pessoas não mudam, e aquilo que te machucou e te fez menor do que realmente é não pode se repetir. Não há segundas chances para aquilo que um dia te causou dor e sofrimento. Não há segundas chances para aquilo que algum dia te despedaçou. Só quando você aprender a recusar a dor vai adquirir amor-próprio. Só quando você desistir de tentar compreender o incompreensível conquistará uma fé enorme em si mesmo.

O que nos cura não é o retorno para aquilo que nos feriu, e sim deixar de tentar consertar o que não tem conserto e parar de dar desculpas para justificar nosso desejo de olhar para trás, para aquele lugar de dor e sofrimento. É dar um basta na tentação de imaginar que as coisas poderiam ser melhores se a gente tivesse agido diferente. O que nos cura é nos redimir do que não deu certo e seguir em frente, dando uma nova chance à bela e dolorosa passagem do tempo...

Tem hora que é preciso matar o passado dentro da gente

Hoje pela manhã, vi um post no Instagram que dizia: "Alguns assuntos já foram assuntos demais para serem assuntos novamente". E me senti acolhida pelas palavras, pois tenho um coração nostálgico, que de vez em quando me trai e traz de volta questões que já se encerraram dentro de mim. Porém, de uma vez por todas, hoje quero me despedir e esquecer.

O tempo dos acertos, da saudade, de reconciliações com minha história, de me lembrar do passado com doçura e algum apego passou e deu lugar a um desejo enorme de que a vida seja contada com cheiros do presente e sabor de surpresas, desfrutando com sabedoria o tempo que se descortina a minha frente.

Tem horas que a gente tem que matar o passado dentro da gente. Sacrificar de uma vez aquela lembrança "preciosa" que não nos permite crescer. Fechar a porta daquele lugar distante no tempo que não nos ajuda a prosseguir. Dar um basta nas velhas desculpas que justificavam nossa saudade, nossa nostalgia, nosso "resgate", e finalmente entender que desapego é uma das lições mais difíceis, porém mais necessárias, que vamos ter.

É preciso que sejamos fortes e corajosos para romper com aquilo que julgávamos "nossa vida" e não é mais. Valentes para desvincularmos nosso caminho da armadilha do saudosismo, da repetição de velhos hábitos, da crença de que ainda há o que buscar no tempo que já se esgotou.

No entanto, nunca estaremos imunes a ser traídos pela emoção. Como eu gosto de afirmar, somos a soma do que amamos e do que vivemos, e de vez em quando aquilo que amamos terá disposição para vir à tona. Não se culpe quando isso acontecer. Contudo, após a visita da saudade, coloque-a de volta no seu lugar. O passado tem a função de nos lembrar de como chegamos até aqui, mas não pode, de maneira alguma, nos definir.

O passado tem mania de seduzir. Olhando pelas lentes da nostalgia tudo fica mais bonito do que realmente foi. Glamorizamos nossas experiências e enfeitamos nossas trivialidades de um jeito que não nos permitimos fazer com o presente. Editamos nossas lembranças e ventilamos nossas dificuldades a ponto de acreditarmos que sempre fomos mais felizes naquele lugar que não existe mais.

Por mais difícil que seja, haverá momentos em que teremos que nos despedir de algumas histórias que foram importantes para nós. Nem tudo nos cabe, e viver carregando no peito nossas vidas não vividas não nos permite crescer.

Está na hora de encerrar essa história dentro de você. De esquecer pessoas que já te esqueceram faz tempo. De manter "contato zero" com aquilo que traz de volta o que não existe mais; de deixar morrer a expectativa vã, a esperança inútil, a teimosia dolorosa. De finalmente perceber que matar alguns fatos do passado não nos torna pessoas cruéis; ao contrário, nos reconecta com aquilo que realmente importa.

Às vezes a gente só quer um abraço que diga que vai ficar tudo bem

Me lembro de um recorte colado em minha agenda dos tempos de adolescente em que um casal se abraçava num fim de tarde. Era um abraço apertado; o cabelo dela era queimado de sol, e os braços dele envolviam-lhe a cintura com força e proteção. Eu abria minha agenda naquela página e me perguntava quando seria envolvida assim.

Muitas vezes um abraço significa mais que um beijo. Pois um abraço fala, acolhe, protege, acalma, consola e traduz afeição. Pode expressar "estamos juntos nessa", "te quero muito bem" ou "ninguém é forte sozinho". Consegue transmitir empatia, cuidado, segurança e atração. Acolhe reencontros, saudade, aflições e desejos. Celebra alegrias, vitórias, realizações e recomeços. Revela compaixão, "vamos dividir essa tristeza", "vem cá, me dá sua dor".

No silêncio de um abraço muita coisa é dita. Porque abraço significa reconciliação, perdão, exoneração das mágoas e aflições. No silêncio de um abraço abafo meu pranto e extravaso minha alegria. Dissolvo minha dor e restauro meu equilíbrio. Um abraço aquece, enche de esperança, transforma pedra em coração.

Nos momentos em que pareço mais imperfeita é justamente quando mais preciso de um abraço. Pois abraço recompõe porcelanas lascadas e arremata fios puxados. Abraço constrói pontes invisíveis e decifra linhas tortas.

Às vezes a gente só quer um abraço que diga que vai ficar tudo bem, uma garantia de que não estamos sozinhos, um colo onde repousar a cabeça, uma atenção cuidadosa e um silêncio repleto de significado.

Oferecer nosso abraço a alguém é resgatá-lo do mundo enquanto acolhemos suas lutas, desistências, lembranças e confissões. É se importar, emanar energias boas, sanar dúvidas e dissipar medos. É adoçar um encontro, medicar um pranto, colorir um desencanto.

Abraço é calma, encontro de almas, artimanha perfeita para vencer qualquer dúvida ou saudade.

E finalmente tenho que concordar com Rubem Alves, que dizia: "Eu te abraço para abraçar o que me falta". Porque abraço nos reconecta com aquilo que precisamos, com o que nos faz falta, com o que nos alivia. Abraço é melhor que conselho, que beijo, que recomendação. Abraço nos traz de volta, nos situa no mundo, nos dá chão. Abraço é a maior das conquistas, pois dissipa o abandono e aquieta o coração...

Nem todos preferem as rosas

"Eu sou um girassol, meio esquisita. Se eu fosse uma rosa, talvez você me quisesse..."

A frase acima faz parte da música *Sunflower*, do ótimo filme *Sierra Burgess é uma loser*, comédia romântica adolescente recém-lançada na Netflix. Assisti ao filme ao lado de meu menino pré-adolescente, que ainda está descobrindo um bocado sobre a vida e suas imperfeições, amor-próprio e autoaceitação, insegurança e superação. O filme é lindo, cheio de mensagens importantes, alguns deslizes de nossa heroína imperfeita (sim, o *catfish* foi injusto!), e um final bonitinho. Porém, o que mais me cativou em toda a história foi ver retratado ali quanto nossa autoestima e autoimagem podem ficar abaladas quando estamos apaixonados, ou mesmo só interessados, por alguém. Quanto esse alguém vale pra gente pôr em risco tudo que levamos anos para fortalecer: nosso amor-próprio.

Uma grande amiga conheceu um carinha pelo Tinder. Eles conversaram por mensagens, telefonaram um para o outro, marcaram um encontro. Depois de se encontrarem, perceberam (ambos) que não havia rolado química. Mas, ao se dirigir para casa, ela foi pouco a pouco se diminuindo, se amaldiçoando, se sentindo a última das mulheres. Aquele encontro, que tinha 50% de chance de dar certo, foi capaz de abalar a autoestima de minha amiga, a ponto de ela achar que não daria certo com mais ninguém. Um desconhecido, que por um acaso cruzou seu caminho, fora capaz de fazer vir à tona anos de autodepreciação e autopercepções equivocadas que tinham ficado lá atrás. A culpa, porém, não era dele. Ele tinha sido gentil, educado, cortês. Mas não rolara. Para nenhum dos dois. Ela se sentia péssima, completamente derrotada. Era como se tivesse retornado para casa com um certificado de fracassada.

No início da música que citei, Sierra canta: "Meninas como rosas em vasos de vidro; corpos perfeitos, rostos perfeitos... Se eu pudesse, mudaria durante a noite e me transformaria em algo que você iria gostar...". Fiquei comovida demais com a letra e a melodia da música, e acredito que só aqueles que alguma vez já se sentiram no fundo do poço do amor-próprio vão entender Sierra Burgess. Pois às vezes não basta termos consciência de nosso valor. Queremos que o outro, principalmente aquele em que temos interesse, também tenha. Desejamos ser aceitos, mais do que simplesmente nos aceitar. Aspiramos pelo amor do outro, muitas vezes mais do que naturalmente nos amar.

Unanimidade não existe. Em alguns momentos, você terá que aceitar que o fato de alguém não te achar incrível não determina que você não seja realmente incrível. Ele só não reconheceu isso, e tudo bem. A opinião dele é a opinião dele, e você não pode desconstruir a autoimagem positiva que levou anos para desenvolver só porque levou um fora ou não foi escolhido.

Não é desejando ser rosas dentro de vasos de vidro que seremos perfeitos para alguém; nem deixando de lado quem somos de verdade, abrindo mão de nossa espontaneidade, que estaremos à altura de quem quer que seja. Não é nos pondo à prova e duvidando de todas as nossas qualidades que conseguiremos nos relacionar verdadeiramente com alguém.

Sierra Burgess não tinha o físico perfeito, mas se amava. Se amava muito, e não estava nem aí para o fato de não ser notada, de não ser popular, de não ser da equipe de torcida. Porém, quando se apaixonou, as coisas mudaram. Ela queria ser correspondida, e para isso acabou indo longe demais.

Até onde você iria para ser "aprovado" por alguém? Até onde você se empenharia para ser aceito? Você rastejaria, como se o amor do outro fosse vital? Fingiria ser outra pessoa? Abandonaria sua família, seus antigos amigos? Viveria ansioso, celebrando cada migalha de afeto e atenção? Alguém valeria tudo isso? Alguém teria o poder de te desestabilizar por completo?

Nem sempre seremos correspondidos ou amados como gostaríamos, e vamos ter que aceitar, mesmo que isso nos cause muita dor. Não somos perfeitos, mas agradamos alguns, e são esses que importam.

Siga seu padrão, ande no seu tempo, respeite suas limitações, aceite suas imperfeições. Ouça sua voz, faça as pazes com suas curvas, seja leve com seu autojulgamento. Nem todos preferem as rosas, nem todos desistem dos cactos, mas, quando você descobre sua melhor versão e se ama assim, você ensina aos outros como quer ser amada. E isso basta.

A gente não desiste do que quer, a gente desiste do que dói

Há alguns anos, vivendo um namoro conturbado, cheio de altos e baixos e muito desgaste, desisti do que julgava ser um grande amor. É claro que sofri por algum tempo, mas descobri que de vez em quando é melhor cortar pela raiz do que carregar uma vida inteira de sofrimento.

Desistir — de alguém, de alguma situação, de algum sonho ou plano — é uma das decisões mais difíceis de tomar. Pois é pacto que a gente faz com a razão, com a necessidade de seguir em frente com menos dor e mais amor-próprio; mas nem sempre está de acordo com a emoção, com a parte de nós mesmos que ainda quer viver atada àquele lugar que já fez parte do que somos.

Desistir é uma escolha, mas nem por isso é algo simples, fácil. Porque impõe a quebra de contratos com aquilo que um dia amamos, com aquilo que um dia cuidamos para que não morresse, com aquilo que julgávamos parte de nossa identidade.

A gente desiste do que dói, dos lugares onde a gente não cabe mais, das histórias que a gente torcia para que dessem certo, mas não deram, dos amores que nos tornam pessoas piores do que realmente somos.

Muitas vezes, desistir de um amor é dizer "sim" a si mesmo. É reconhecer que nem sempre aquilo que julgamos "perfeito" é realmente ideal para nós. É entender que alguns amores permanecerão na memória, mas nunca sobreviverão no dia a dia. É dar chance para um caso de amor recíproco consigo mesmo.

Desista de um amor se ele deixou de ser servido em bandeja de prata e sobraram apenas restos que você insiste em aquecer em banho-maria; abra mão de um caminho se ele não te traz satisfação nem significado; de uma rotina se ela não te torna uma pessoa melhor e só levanta dúvidas a respeito de você mesmo; de uma culpa, se apenas você ainda não se perdoou; desista de uma mágoa perdoando quem te feriu e entregando seu coração a Deus.

A gente escuta muito que não se deve desistir dos sonhos, mas de vez em quando é necessária uma boa dose de humildade para admitir que não há mais o que ser buscado, que a antiga expectativa necessita de um basta, que o primitivo anseio foi por água abaixo. Se há tantos outros sonhos a serem vividos, por que insistir em habitar os mesmos velhos sonhos que não se concretizaram como a gente gostaria?

A gente não desiste do que quer, a gente desiste do que dói. Dos laços que machucam, da indiferença que maltrata, da inconstância que perturba.

E finalmente descobrimos que desistir pode ser parte da nossa força também, pois a construção de nossa felicidade depende daquilo que deixamos pra trás ou permitimos que se despedisse de nós.

Eu entendia errado o amor

À s vezes não há aviso algum. Nenhuma pista, nenhum sonho premonitório, nenhuma intuição. Aquele que parece só mais um dia, um dia comum, é quando o amor te alcança. Você ainda não enxerga sincronicidade, encontro de dois caminhos, início de uma história que será contada pela eternidade. Mas acontece. Do nada. Sem aviso algum. Apenas como um "teste" da vida para descobrir se você sabe reconhecer delicadezas. Sem perceber que foi eleito, você pode recusar a sorte que lhe sorri e continuar acreditando que o mundo está cheio de almas vazias para o seu querer. Ou, atento à clandestinidade da felicidade, pode reconhecer os sinais e, por um instante de descuido, permitir que o amor o alcance.

Por mais decepcionadas e blindadas que as pessoas estejam, não se pode generalizar as derrotas do amor. Nem todo mundo está fazendo hora com você, nem todos querem te usar para depois descartar, nem todos se encontram tão machucados que não querem se envolver. Ainda acredito que haja gente disposta a andar de mãos dadas, a assumir compromissos, a investir num encontro até que o tempo mostre que ali há uma vocação para o amor. Ainda acredito em investimento emocional, parceria, cumplicidade, envolvimento. Insisto em não desistir de acreditar em afinidades, que vão desde uma cerveja compartilhada numa tarde quente até a disposição para conhecer e começar a gostar de séries policiais na Netflix. Posso parecer ingênua e excessivamente otimista, mas ainda tenho fé num tipo de sentimento que começa num encontro tímido e, com muita vontade e coragem, vai se tornando, pouco a pouco, dia a dia, amor construído, batalhado, valorizado.

Eu entendia errado o amor. Imaginava que amar fosse um jogo que oscilava entre perdas e ganhos. Que a sensação de estar numa montanha-russa emocional me tornava mais "viva", mesmo que isso custasse noites com o travesseiro molhado de lágrimas. Eu precisei me despir de meus medos e aceitar que poderia ter alguém diferente de tudo que eu já havia conhecido antes.

Era preciso que eu voltasse a acreditar no amor. Que eu descobrisse que era possível encontrar alguém com quem compartilhar pequenas ou grandes histórias, momentos delicados ou grandiosos, alegrias serenas ou arrebatadoras, tristezas miúdas ou gigantes. Eu tive de entender que reciprocidade não se trata apenas de ligar no dia seguinte ou responder a uma mensagem carinhosa. Tudo isso faz parte, é claro, mas também se trata de ter real interesse na sua vida, orgulho de suas conquistas, parceria, respeito, investimento de tempo e sentimento. Era essencial que eu encontrasse você. Que eu te amasse como te amo e aprendesse, de uma vez por todas, que o amor se constrói no cotidiano, somando pequenas delicadezas, diminutas concessões, miúdas gentilezas e abundante dedicação.

Mesmo que doa, chega uma hora em que é preciso passar um trinco na porta

Nos ensinaram a perdoar.
A tolerar.
A relevar.
A ceder.
Tudo isso é importante, sim, mas faltou nos ensinarem a deixar ir.
A abandonar o que nos faz mal.
A partir de lugares que não mais existem.
A nos amar em primeiro lugar.
A entender que, assim como nos doamos, merecemos alguém que se doe também.
Faltou nos ensinarem a escolher.
Escolher estar com alguém que nos faça bem.
A estar com alguém pelos motivos certos, e não por excesso de carência.
Talvez seja hora de aprender.
Aprender a reavaliar a rota.
A decidir o que desejamos que permaneça em nossa vida.
A fazer escolhas que nos proporcionem paz.
A recusar migalhas, medo da solidão e palpiteiros de plantão.
Aprender, acima de tudo, a distinguir o que merece ou não ser mantido em nosso caminhar.
De vez em quando a gente acha que precisa de alguém — que por sua presença ou ausência nos machuca —, mas, se for olhar novamente, de fora, olhar pra valer, vai perceber que não precisa, não.

Você não tem de desejar alguém que não te deseja.

Nem aceitar um amor ruim só porque algum lugar no seu íntimo decidiu que você era merecedor de pouca coisa, de afetos rasos e relações unilaterais.

Você não tem que ser refém de um lance que te deixa inseguro, que te domina e te obriga a perder os melhores momentos da vida olhando fixamente para a tela do celular, esperando por um "plim" redentor que trará alegria por apenas alguns segundos, mas depois roubará seu brilho, deixando-o numa solidão ainda maior.

Você não precisa de promessas vazias, de um "te ligo" ou "a gente se vê" sem consistência, vontade ou verdade.

Nem de aparições-relâmpago, de um "Oi, sumido" com a nítida intenção de te balançar sem a vontade de ficar; uma artimanha daqueles que perceberam que podem te desestabilizar com desaparecimentos confusos e frases batidas.

Você não tem de construir enredos e sonhos em cima de terrenos frágeis e pessoas vagas.

Nem acreditar que não há nada melhor lá fora, que você não é merecedor de um amor inteiro, sólido e recíproco.

Tampouco insistir em alguém que não dá a mínima pra você, alguém que não faz questão de tê-lo por perto, alguém que simplesmente tanto faz.

Você não precisa se esforçar para ter alguém ao seu lado. As pessoas ficam por querer ficar, não pela sua insistência. É tão mais simples fechar a porta em silêncio, se afastar sem muita explicação, fazer da indiferença sua maior contribuição...

Faltou nos ensinarem a dar a volta por cima.

A colocarmos *Clube da esquina número 2* para tocar no Spotify enquanto preparamos uma lasanha bebericando uma taça de vinho tinto na cozinha.

A tomarmos um café numa livraria folheando um livro novo ou uma revista diferente, esquecendo por algum tempo a tela do celular.

A entrarmos numa igreja e entregarmos nossa vida nas mãos de Deus, nem que seja em silêncio.

A sentirmos o sol no rosto enquanto caminhamos, pedalamos ou simplesmente atravessamos a rua.

A encontrarmos recursos ou atividades que evidenciem quanto somos especiais, quanto temos talentos, quanto podemos servir a outras pessoas.

A descobrirmos que, mesmo que doa, chega uma hora em que é preciso passar um trinco na porta. Não permitir visitinhas-surpresa de quem não tem a intenção de ficar; não autorizar que abalem nossa paz; não desperdiçar nosso tempo com alegrias momentâneas que nos tornarão mais frágeis depois; não cair em armadilhas feitas de má intenção e manipulação; não nos deixar abalar por quem só quer brincar.

E, depois de recuperada a sanidade, sorriremos orgulhosos em frente ao espelho ao reconhecer que mudamos. Que crescemos e adquirimos autocontrole e amor-próprio. Que finalmente descobrimos quanto realmente somos leves, sem os pesos desnecessários que achávamos que tínhamos que carregar.

Às vezes tem que doer como nunca para parar de doer

Muita gente permanece numa relação ruim, sem reciprocidade, sofrendo, se desgastando, tendo esperanças em migalhas, desejando mudanças que nunca ocorrerão... porque acredita que "não importa quanto algo nos machuca; livrar-se dele pode doer mais ainda". Mas será que é assim?

Às vezes tem que doer como nunca para parar de doer. E para isso é preciso coragem. O que a vida quer de nós é essa bravura, que nos possibilita ter um tipo de amor por nós mesmos que irá nos proteger de qualquer situação que nos diminua ou aprisione. É essa coragem que nos permite arrancar esparadrapos de uma vez e nos autoriza desistir de algo que queríamos muito, com todas as nossas forças... mas que não nos faz bem.

Existe uma contradição nos amores que doem. Apesar de serem algo que desejamos, eles nos adoecem. Embora representem nosso projeto de vida, estão sendo sonhados apenas por nós mesmos e mais ninguém. Apesar de causarem sofrimento, não queremos nos livrar deles.

Ninguém pode julgar os motivos que fazem você insistir em remar um barco de papel que está afundando. Já disseram que coração é terra que ninguém vê, e acredito nisso também. Por esse motivo, cabe a você definir os limites; estabelecer o tempo necessário para processar a desistência dentro de si e, finalmente, no tempo certo, deixar de remar.

Quantas vezes colocamos expectativas demais sobre as aflições futuras que achamos que vamos sentir, e, quando chega a hora, quando finalmente abrimos os olhos e percebemos que a dor já passou, nos surpreende ver como ela não doeu tanto quanto acreditamos que doeria? Há ocasiões em que você tem que fechar os olhos e fazer o que precisa ser feito — o que pode até te deixar em pedaços no momento, mas traz paz ao coração.

É difícil nos livrarmos de curativos que foram colados sobre o machucado. Eles estão lá quietinhos, a dor foi embora, e acreditamos que a aparente calmaria representa a cura. Porém, a ferida precisa de ar, e o curativo deve ser removido. Só que não importa quanto ele está velho e estragado. Nós nos apegamos ao conforto conhecido e temos medo da dor que virá depois. Mas, mesmo com o aumento da aflição, somente arrancando tudo que não serve mais caminharemos para a cura. E um dia, depois de cicatrizada a pele, perceberemos que fizemos a coisa certa. Já não há mais dor nem sofrimento e, mesmo que tenham ficado marcas, descobrimos que terra onde a planta foi arrancada pela raiz é terra transformada e, mais adiante, terra curada.

Algumas vezes, ser bloqueado por alguém é a melhor coisa que poderia ter nos acontecido

Há pessoas que saem de nossa vida sem a gente querer, mas, depois de um tempo, a gente percebe que foi a melhor coisa que poderia ter nos acontecido.

Por vezes nos falta coragem para romper com uma situação ruim. Projetamos o futuro com pessimismo e não imaginamos que de um limão podem surgir diversas limonadas geladinhas e muito doces. Então, de repente, vem a vida solucionando tudo pra gente, nos livrando dos enganos com bênçãos disfarçadas, nos permitindo dar um basta àquilo que não nos cabe, mesmo que não consigamos enxergar isso no momento.

Qualquer um há de concordar que ser rejeitado machuca, fere muito. Porém, é preciso conseguir ver além das primeiras impressões e aprender a enxergar além daquele momento em que a raiva nos cega e só pensamos no próprio ego, no orgulho ferido, na humilhação e no fracasso. Só depois de permitir que o tempo aplaque a decepção é que vamos ter a noção exata do que foi perdido. Porque às vezes a gente se confunde. Imaginamos que perdemos alguma coisa quando, na realidade, ganhamos. Embaralhamos os sentimentos e acreditamos que a dor do abandono é igual à dor da tristeza pelo fim do relacionamento.

Às vezes a gente insiste. Insiste muito. Aposta alto num barco furado porque em algum lugar lá dentro algo ainda nos diz que é pra continuar remando, que vai valer a pena, que há algo a esperar. Todavia, mesmo insistindo, mesmo desejando, podemos ser bloqueados em nossa tentativa de remar. Nós ainda não temos consciência disso, mas uma hora vamos perceber que foi a melhor coisa que poderia ter nos acontecido.

Ser abandonado ou bloqueado por alguém não precisa ser sinônimo de derrota ou tribulação se encararmos que foi melhor sermos excluídos de uma vez da vida dessa pessoa do que termos permanecido como última opção em seu rol de prioridades.

O lado bom de ser bloqueado é que isso nos situa, dá um chacoalhão na nossa mania de olhar para trás pelas lentes da nostalgia, nos ajuda a valorizar o presente e dar uma chance ao futuro. E, devo dizer, quem nos bloqueou nem sempre é imaturo ou não nos quer por perto. Muitas vezes essa pessoa também está lutando para deixar o passado para trás, e, num "acordo" silencioso e subentendido entre as partes, nos faz um grande favor ao nos bloquear e finalmente romper os laços.

Às vezes a gente precisa que alguém nos empurre porta afora e nos ponha por diante, para que possamos perceber quanto a vida é incrível do outro lado. Nem sempre temos força para sair do sofá, tirar o pijama e fazer acontecer. Aí, somos bloqueados e tudo muda. Se antes não questionávamos a relação, agora passamos a questionar. E podemos chegar à conclusão de que nosso medo de romper com a realidade do sofá empoeirado, bolorento e escuro nada mais era do que nossa dificuldade em aceitar mudanças e em sermos amorosos com nós mesmos.

Ser bloqueado por alguém pode ser libertador. Porque isso nos dá limites, nos dá clareza. Isso nos coloca em nosso devido lugar e nos autoriza a seguir em frente, a não ter esperanças, a desistir. Além disso, superado o susto inicial, começamos a perceber melhor as coisas. Passamos a questionar o valor que dávamos àquela pessoa e descobrimos, com admiração e alívio, que reciprocidade não se cobra, e que o maior responsável por ofertar carinho pra gente é a gente mesmo.

Amar só é bom se trouxer paz

Caio Fernando Abreu dizia que "amar só é bom se doer", e insistia que precisava machucar um pouco mais seu coração, doer mais um pouco seu corpo e fatigar mais seus olhos. Talvez isso lhe trouxesse calmaria, talvez não. Eu gosto de pensar que amar só é bom se trouxer paz. Se promover dentro de mim uma sensação de certeza, de ter feito a escolha correta, de acolhimento e reciprocidade.

Da linda música *Tocando em frente*, de Almir Sater e Renato Teixeira, gosto especialmente do trecho que diz: "É preciso paz pra poder sorrir". Como é possível tocar em frente tendo dentro da gente um amor que nos rouba a paz? Como é que a gente descobre o próprio dom de "ser capaz e ser feliz" se permanece atado à inconstância, ao silêncio, à indiferença e à falta de reciprocidade que só uma relação ruim é capaz de proporcionar?

Há pessoas que nos deixam com a pulga atrás da orelha. Viver com a pulga atrás da orelha tumultua nosso equilíbrio interior e nos impede de ser como somos, livres de manias de controle, ciúme, insegurança, inquietação e carência. Tem gente que não vale a nossa paz. Gente que nos provoca desconfiança diminui nossa leveza e desperta uma versão de nós mesmos mais apreensiva, angustiada e ansiosa.

Amar só é bom se trouxer paz. Se nos ajudar a atravessar a vida e suas imperfeições, se despertar nossa coragem e amor-próprio, se nos permitir revelar nossa doçura, alegria e, vez ou outra, alguma loucura.

O amor não é tábua de salvação para todas as nossas angústias e inquietações, mas pode nos aproximar da cura. Pode nos trazer um tipo de tranquilidade e certeza que valida e justifica a existência, e nos autoriza a acreditar em nós mesmos, buscando ser melhores conosco e com os que nos cercam.

É preciso acreditar que existem amores assim, que contribuem para nossa evolução e nos trazem paz. Isso nos dá a certeza de que o mundo ainda é um lugar bom, e que é possível ser feliz na companhia de alguém.

Viver é um exercício de aceitação, perdão e paciência diante das demoras e esperas. Encontrar alguém disposto a atravessar os desertos conosco, sabendo que haverá sede e pedras, silêncios e ausências, com o mesmo ânimo com que compartilha nossos momentos de alegria, música boa, café quentinho e lençóis cheirosos é descobrir que também somos merecedores de consideração, bem-querer ilimitado e ligação plena, simplesmente por sermos quem somos.

Desejar estar ao lado de alguém que só nos faz mal e nos machuca repetidas vezes é escolher perpetuar uma história de dor. Não sabemos onde essa história teve origem, mas sabe-se que, quando uma pessoa se cura, ela ajuda as gerações vindouras a se curarem também. Então, se você não faz por si, faça por aqueles que virão depois de você. Rompa esse ciclo de autopunições e aprenda a reconhecer o que é bom, o que te torna uma pessoa melhor, o que te traz paz e a garantia de estar no lugar certo.

"É preciso paz pra poder sorrir." Que hoje haja paz dentro de você, e que, mesmo enfrentando dificuldades, ausências e impossibilidades, você descubra que uma mente sossegada e uma alma tranquila são mais importantes e trazem mais benefícios à saúde que qualquer desejo não satisfeito de seu coração. Que as coisas que o despertam, instigam e movimentam não sejam as esperas nem as faltas, mas a certeza de que o amor pode ser leve, manso, equilibrado... e capaz de te fazer sorrir todos os dias.

> "A mulher tem que saber a hora exata de sair de cena. Mesmo que essa hora seja muito dolorosa"

Coco Chanel era uma mulher muito elegante, não somente na forma de se vestir como também no comportamento. De origem pobre, órfã de mãe na infância, ela iniciou sua carreira com uma pequena chapelaria, e mais tarde conquistou o mundo da moda com seu estilo clássico, inovador e muito sofisticado. Porém, muito além de ser um ícone da alta-costura, essa mulher cheia de atitude revolucionou os costumes da época e se tornou símbolo de coragem, resistência e liberdade feminina. Pesquisando sobre essa grande dama, deparei com uma das frases atribuídas a ela, e me encantei profundamente, pois exprime sua personalidade independente e muito refinada: "A mulher tem que saber a hora exata de sair de cena. Mesmo que essa hora seja muito dolorosa".

Saber a hora de sair de cena é um dos conhecimentos mais importantes que se pode ter, e demonstra bom senso, amor-próprio, coragem, independência, liberdade e autonomia. Nem sempre é fácil ou óbvio perceber que nosso tempo chegou ao fim. Nem sempre conseguimos assimilar ou acreditar que aquilo que tanto queríamos não estava reservado pra gente. Muitas vezes não conseguimos abrir mão de nossos sonhos, planos, desejos e expectativas numa boa, ainda que nossa hora tenha passado. Não é fácil entender que nem tudo o que queremos nos servirá. E saber sair de cena, mesmo que isso cause muita dor, é algo que não nos ensinam, mas que precisamos aprender.

É preciso aprender a parar de insistir naquilo que não é pra gente. É necessário aprender a aceitar que desejar muito alguma coisa não garante que ela será nossa. A sair de cena quando tudo já foi dito, esclarecido, colocado em pratos limpos e não há mais lugar pra gente naquela história. A aceitar as frustrações, os desejos desfeitos, a necessidade de fazer as malas e de tirar a mesa.

Ser elegante no comportamento é ter bom senso — na hora de falar, de calar, de nos expressar com extroversão ou discrição. Mas, acima de tudo, bom senso na hora de perceber onde estamos sobrando — de sairmos à francesa de lugares onde não cabemos mais.

Sair de cena quando tudo que a gente queria era que a história não tivesse fim é uma das decisões mais difíceis e dolorosas que existem. Mesmo assim, mais vale a dor advinda de um distanciamento sadio que a falsa e humilhada alegria de permanecer num lugar onde não somos bem-vindos.

Temos que entender que merecemos um amor recíproco, inteiro, companheiro, verdadeiro. Quem se submete a amores menores e unilaterais acreditou que é merecedor de pouca coisa, de afetos rasos e parciais. Por isso é tão importante discernir onde se deve ou não permanecer. Por isso é essencial descobrir a hora de fazer as malas e deixar de prorrogar nossa presença onde não somos mais considerados convidados especiais.

Quem o quer o trata como convidado especial. Quem o deseja acolhe-o com alegria e satisfação. Quem o admira tem brilho nos olhos quando o vê chegar. Pequenos gestos nos dão pistas de onde devemos ou não permanecer. Pequenas atitudes nos ajudam a discernir se é chegada a hora de partir. Pois como diz a letra da música *You've got to learn*", de Nina Simone: "Você tem de aprender a sair da mesa quando o amor já não está sendo servido...".

Namore a pessoa que te enxergou quando ninguém mais te via

Há momentos em que nos tornamos invisíveis. Por motivos que não sei explicar, deixamos de ser vistos, ouvidos, de chamar qualquer tipo de atenção.

Em algumas fases, nossa face externa não reflete o que vai dentro de nosso coração, e por isso ninguém enxerga nossa luz, nossos dons e qualidades, nosso jeito único de ser e estar no mundo.

Porém, apesar de tanta indiferença, podemos ser notados. No meio de tanto desinteresse, podemos despertar curiosidade. Cercados por tantos rostos, podemos ser "a pessoa" de alguém.

Entretanto, você pode se perguntar o que há de errado com esse alguém que se interessou por você, justamente você. De forma distorcida e sem nenhum amor-próprio, você se condiciona a achar que, se alguém se interessa por você, esse alguém tem algum problema, só pode ter. Se alguém o enxerga no meio da multidão, esse alguém deve ter miopia afetiva ou é pior do que aquilo que você acha de si mesmo, isto é, um nada. Cheio de autoproteção, você sabota a própria felicidade ao decretar que esse alguém não serve para você, que seu destino é mesmo ficar sozinho. Sentencia o fim antes do fim, e depois lamenta que ninguém está a fim.

Adoro um filme chamado *Medianeras — Buenos Aires na era do amor virtual*. No longa argentino de 2011, Mariana (Pilar López de Ayala) e Martin (Javier Drolas) vivem no mesmo quarteirão, mas, ainda que seus caminhos se cruzem, eles não chegam a se encontrar, passando pelos mesmos lugares sem nunca se perceberem.

Porém, tanto Mariana quanto Martin procuram alguém que os enxergue além dos muros de concreto da cidade. Em sua "solidão", protegidos pelas paredes, eles tecem sonhos e desejos de serem vistos, de serem notados.

O filme nos leva a refletir que de vez em quando abrimos mão de conhecer melhor alguém com quem temos uma proximidade física para buscarmos a tal "proximidade perfeita" (muitas vezes ilusória) na internet.

De repente não toleramos mais erros, dificuldades ou qualquer tipo de rasura. Buscamos um relacionamento perfeito, livre de contrariedades, sem nenhuma oposição. E vagamos pelas grandes cidades sem respostas para nossos desencontros, sem soluções mágicas para nossas exigências, sem saídas para nossa invisibilidade. Assim, constatamos com pesar quanto as relações estão frágeis, quanto nossos desejos se distanciam do possível, quanto podemos ser desinteressantes e descartáveis se não correspondemos às expectativas do outro.

Há momentos em que a gente tem que rever os próprios conceitos. Começar a entender que, se alguém ousou te enxergar além da superfície, esse alguém é especial, assim como você é especial.

Namore a menina que lhe sorri com os olhos e o menino que lhe oferece carona embaixo do guarda-chuva num dia úmido. Namore a pessoa que é gentil, que se interessa pelos livros que você leu, que quer te contar sobre a nova série da Netflix, que não finge desinteresse para parecer interessante.

Namore a menina que curte suas postagens e o menino que comenta suas fotos. A pessoa que te respeita e tem uma curiosidade genuína por tudo que se refere a você. Namore alguém que te aceita sem tirar nem pôr, e nem por isso some sem explicações para parecer sedutor.

Namore a menina que fica tímida quando te vê e o menino que te olha com ternura demorada. A pessoa que presta atenção em você e se lembra do detalhe daquela sua história engraçada. Namore alguém que goste de você com a melhor das intenções, e não tenta te prender com joguinhos e punições.

Namore a pessoa que te enxergou quando ninguém mais te via porque você merece. Merece ser visto, valorizado, aceito e respeitado.

Você merece aceitar um amor que diz que te ama sem achar que ele é pouco ou menor "só" porque escolheu você. Justamente você.

As pessoas desistem, descartam e se cansam muito facilmente. Valorize quem te olha, te admira, te aceita e te apoia sem exaustão, enxergando além da superfície, reconhecendo sua singularidade no meio da multidão.

E se um dia você tiver dúvidas, lembre-se do tempo em que você se sentia invisível. Encontrar quem nos acolha com mansidão no meio de tanta opressão é encontrar repouso para o coração. E isso basta.

A solidão do abandono dói muito mais que a solidão de estar sozinho

Outro dia, assisti a um filme que me marcou profundamente. *Mary Shelley*, longa estrelado por Elle Fanning, conta a história da escritora britânica que dá título ao filme. A cinebiografia, da cineasta saudita Haifaa al-Mansour, retrata a trajetória de Mary Shelley até o momento em que ela publica sua obra-prima: *Frankenstein ou o Prometeu moderno*, que atribuiu voz, corpo e alma à dor e ao abandono que ela mesma sentia.

Para criar Frankenstein, Mary precisou vivenciar a desesperada solidão que define a criatura. Ela teve de conhecer profundamente a dor do abandono, da rejeição, e toda a solidão dilacerante que acompanha a perda e o desprezo. Num dos trechos do filme, o poeta Percy Shelley, seu marido, diz a ela: "Nunca lhe prometi uma vida sem sofrimento, mas subestimei a sua melancolia". E ela lhe responde: "Se eu não tivesse aprendido a lutar através da angústia, não teria encontrado essa voz novamente". Pois foi através de toda a dor e de todo o sofrimento vividos por Mary que Frankenstein ganhou vida e veracidade. Foi através da angústia de Mary que nasceu essa história que retrata a necessidade humana de união.

A criatura do doutor Frankenstein anseia pelo toque de seu criador. Porém, quando o médico recua apavorado, deixando a criatura envolta em sentimentos de abandono e isolamento, acaba autorizando que a dor do abandono se transforme numa tragédia.

A solidão de ter sido abandonado dói muito mais que a solidão de estar sozinho. Pois o abandono é como farpa na carne a consumir nossos dias e noites; e a solidão advinda da rejeição leva porções de nós mesmos de que antes nem sentíamos falta. Quanto maior nosso amor por alguém, mais devastador se torna o desprezo desse alguém por nós.

Nunca imagine que a culpa de ter sido abandonado é sua. Talvez uma parte, talvez nenhuma, mas, acima de tudo, compreenda que há muito mais chão entre ser o abandonado e ser o que abandona do que você poderia supor. E, por mais que seu orgulho esteja ferido agora, acredite que ser o abandonado não te torna uma pessoa inferior ao que abandona. Colocar a mochila nas costas e partir sem olhar para trás não é premissa de vencedores, e sim de quem está desistindo de uma história porque ela deixou de fazer sentido. Há muito pássaro que acredita que criar laços é se acorrentar, e você pode ter encontrado um assim. Deixe-o voar... e construa seus próximos ninhos com quem deseja ficar.

Assim como o caramujo se encolhe ao ser tocado, nem todos desejarão permanecer ao nosso lado, e não poderemos fazer nada contra esse fato. Ser o rejeitado e não o que rejeita não nos torna menores ou piores. Ser a mão que toca e não o molusco que se encolhe não nos faz ser menos atraentes ou interessantes. E é justamente por isso que temos que ser cuidadosos e lapidar a dor do abandono, para que os sentimentos feridos não amarguem a vida nem impeçam a chegada das alegrias futuras; mas, ao contrário, nos ensinem a lutar através da angústia, transformando dor e vulnerabilidade em novas possibilidades.

Nada em você foi covarde, e isso tem que bastar. Chega de insistir, fantasiar, romantizar. Chega de se culpar, se vitimizar, se ressentir. De cutucar feridas, enxergar "sinais", repassar a "cena do crime". De deduzir, contabilizar, concluir. Acredite em mim: esqueça o que te fez mal, toque o barco e lute, lute muito por si mesmo. Às vezes a gente precisa perder a fé em alguém para adquirir uma fé enorme em si.

Uma ferida antiga vai latejar nos dias de chuva e alfinetar durante os filmes tristes. Mas também será a lembrança de que você seguiu. Não cuide de suas cicatrizes como amuletos de um tempo, e sim como marcas de uma pessoa que escolheu a si mesma.

Às vezes, não ser correspondido por alguém é um tremendo livramento

Dia desses meu marido brincava com meu filho dizendo que se tivesse ficado com sua primeira paixão platônica, aos quinze anos, na cidade pequena onde moravam, certamente sua história teria sido outra. Muito provavelmente ele haveria se acomodado na vida tranquila do interior, não teria tido tanta garra para lutar pela faculdade de medicina, teria se casado muito jovem e, pasmem, poderia ser até avô! Depois dessa constatação surpreendente, meu filho disse: *"É, pai, ainda bem que ela não te deu bola!"*, e todos nós rimos dessa conclusão engraçada e muito acertada.

Há escolhas que não dependem de nós, que contrariam nossos desejos e nos entristecem por um tempo, mas depois, olhando para trás, percebemos que foram essas histórias encerradas — mesmo contra nossa vontade — as peças fundamentais para nossa felicidade. Pois a mão de Deus é poderosa, e, mesmo que não enxerguemos no momento, algumas coisas são um tremendo livramento.

Às vezes a gente fica tão focado naquilo que perdeu que acaba não dando chances para o que virá. Os livramentos acontecem silenciosamente, a todo instante, e, mesmo sem compreender, é preciso confiar. Acreditar que algumas perdas não são prejuízos, e sim bênçãos disfarçadas.

A vida é constituída de muitas histórias, e alguns capítulos serão escritos apenas quando outros forem encerrados. Em vez de apenas lastimar suas perdas, comece a ter fé de que elas foram o gatilho necessário para uma felicidade mais palpável e duradoura. Assim como gavetas bagunçadas que precisam de espaço e faxina, a vida só vai adquirir ânimo novo se a gente permitir. Se a gente autorizar que nossas bagunças deem lugar a alegrias novas e coragens renovadas.

Preste atenção ao que você perdeu. Olhe com sensatez para aquele lugar vago, e por um instante de lucidez comece a discernir se realmente foi uma perda ou um ganho. Se o espaço antes ocupado por aquela pessoa, situação ou sentimento pode agora ser preenchido por coisa melhor. Tenha o bom senso de observar as lacunas que restaram, e perceba que finalmente está livre para uma história mais inteira e recíproca. Às vezes a gente imagina que é dono de um jardim, mas só é possuidor dos espinhos que existem lá. Precisamos parar de aceitar a dor como algo que nos completa e começar a desejar a beleza, o perfume e todo o bem que o jardim inteiro pode nos proporcionar.

Às vezes, não ser correspondido por alguém é um tremendo livramento. Dói ser rejeitado, dói ser preterido. Porém, um dia a compreensão chega. E respiramos aliviados por não termos sido a prioridade ou a escolha de alguém. Pois foi por esse alguém ter desistido de nós que nosso encontro com o melhor caminho que nos estava reservado foi impulsionado. O caminho que, cegos pela paixão, engano ou teimosia, não conseguíamos enxergar. E nesse ponto volto a concordar com a sabedoria juvenil de meu filho, quando, ouvindo as histórias de meu marido, anunciou com apurado bom humor: *"É, pai, ainda bem que ela não te deu bola!"*.

Quantas vezes mais você vai permitir que ele quebre seu coração?

Bia não tinha jeito. Vivia caindo nas pegadinhas de 1º de abril que o pessoal do escritório fazia e, por isso, a cada ano a turma se esmerava mais. Depois da revelação da mentirinha, ela jurava que no ano seguinte seria mais cética, menos iludida, mais esperta, menos esquecida. Contudo, não tinha jeito: lá vinha outro 1º de abril, e, mesmo com a recorrência da data, ela se comovia com a "morte do cachorro" de um, com o "pedido de casamento" de outro, com a "viagem inesperada" daquele ali.

A frase que Bia mais dizia era: "Putz, não sei como caí nessa de novo!", mas, ainda assim, ela não perdia aquele sorriso acolhedor e olhar afetuoso de quem é leve, de quem perdoa, de quem não carrega dívidas nem mágoas na bagagem.

O problema é que a tolerância de Bia não se restringia ao bom humor com que levava as brincadeiras da firma. Bia achava que tudo "eram coisas da vida", e, apesar de sofrer muito com as idas e vindas do amor, ela acabava relevando tudo, perdoando tudo, e, como era de esperar, caindo nas mesmas velhas armadilhas de sempre.

Bia tinha amor-próprio, sim. Tinha autoestima e tudo isso que as pessoas dizem que é bom ter. Olhava-se no espelho e gostava do que via, desejava o melhor para si e acreditava que carregar mágoas envelhecia a pele e murchava o espírito. Por isso preferia esquecer. Esquecer o que lhe fazia mal, esquecer o que a magoava, esquecer o que a enganava. O que faltava para Bia era certa malícia. Era compreender que o mundo é um lugar mais hostil do que ela supunha, e que, só porque ela tinha olhos bons, não queria dizer que todos tivessem também. Faltava a Bia a compreensão de que precisava se proteger, se resguardar, até mesmo se blindar.

Ao contrário da maioria das pessoas, Bia precisava aprender a valorizar mais os tombos, as dores, as feridas, e desejar que isso nunca mais se repetisse. Bia teria de começar a impor limites para aquilo que feria, que iludia, que destruía, e não achar isso tão simples, comum, banal, "coisas da vida". Era preciso que ela parasse de perdoar o que a machucava, e começasse a ter uma memória mais aguçada para aquilo que lhe causava dor.

A sorte de Bia é que ela tinha Joana. Joana era uma grande amiga, dessas que conhecem a gente mais do que a gente mesmo e sabem quanto precisamos de um segundo olhar para nossas histórias, um olhar que nos compreenda e ao mesmo tempo nos confronte, que nos acolha e ao mesmo tempo nos impulsione a mudar. Joana gostava de Bia sem tirar nem pôr, mas desejava para a amiga mais sorte no amor.

Bia amava Beto. Bia achava que podia endireitar Beto. Bia acreditava que Beto a amava como ela o amava. Bia achava que Beto era apenas indeciso. Bia estava disposta a esperar que Beto amadurecesse. Bia tinha paciência com Beto. Bia apostava tudo no relacionamento com Beto, mesmo sabendo que Beto não estava nem aí. Bia acreditava que Beto a amava como ela o amava (eu sei, já disse isso). Bia relevava as inconstâncias de Beto. Bia perdoava as dúvidas de Beto. Bia achava o amor deles lindo. Bia acreditava que relacionamentos são difíceis mesmo. Bia realmente achava que Beto a amava como ela o amava.

Joana via tudo. Via Beto sumir, via Bia compreender. Via Beto dizer "o problema sou eu", via Bia acreditar que "era boa demais pra ele". Via Beto jogar tudo para o alto, via Bia juntar os caquinhos. Via Beto gritar, via Bia chorar. Via Beto bater a porta, via Bia recebê-lo de braços abertos. Via Beto bloquear, via Bia suspirar. Via Beto desbloquear, via Bia dizer que isso era amor verdadeiro. Via Beto não saber o que queria, via Bia justificar sua covardia. Via Beto partir, via Bia morrer um pouquinho. Via Beto voltar, via Bia animar. Via Beto enganar, via Bia acreditar.

Joana detestava Beto. Para ela, ele não passava de um covarde mimado que não tinha a mínima consideração por Bia. Talvez um dia, se Bia o deixasse, ele caísse na real e lamentasse o que havia perdido. Mas, enquanto a doce Bia estivesse a postos para o que desse e viesse, ele não perceberia. O que Joana mais queria era que a amiga acordasse, que aprendesse de uma vez por todas que o namorado não lhe fazia bem. Que descobrisse que relacionamento desgastado não é relacionamento bom, e que quem põe o relacionamento à prova não se importa em perdê-lo. Que quem precisa de seu perdão inúmeras vezes não dá a mínima pra te magoar, e que aquele que te machuca repetidas vezes nunca vai te fazer bem. Que quem vai e volta faz isso porque sabe que sua memória é fraca e seu coração é mole. E que esse jogo de morde e assopra parece sedutor, mas não passa de C-I-L-A-D-A.

Então, numa das idas e vindas de Beto, com direito a bloqueio no zap e nas redes sociais, Joana chamou Bia pra uma conversa e lhe entregou um documento intitulado "Dossiê do Fim". Bia aceitou com docilidade, como de praxe, e, entre lágrimas e goles de vinho tinto, leu e releu aquelas páginas assimilando cada uma das palavras da amiga, irmã, confidente, conselheira. Quando Beto decidiu voltar, desbloqueando Bia e reaparecendo com o velho sorrisinho bobo, Bia silenciou. E silenciou mesmo quando ele disse que tinha viajado e pensado nela; mesmo quando ele mandou fotos com os olhos "vermelhos de tanto chorar". Manteve silêncio após as flores chegarem ao seu trabalho acompanhadas de um cartão com versos de Vinícius; e até mesmo quando Beto apareceu na porta de seu prédio ameaçando fazer um escândalo. Bia silenciou não para puni-lo ou para motivar uma mudança, mas porque ela mudara. Ainda gostava dele, era evidente, mas escolhera a si mesma.

Uma semana depois de silenciar, ao se recolher, Bia releu o "Dossiê do Fim" como fazia diariamente, várias vezes ao dia. Aquelas palavras escritas tinham o poder de lhe dar forças, e assim seria por muito tempo, até o dia em que, sozinha, conseguiria se colocar em primeiro lugar. De novo ela abriu aquelas páginas e leu:

Sabe, Bia, a vida dói. Dói pra todo o mundo, de um jeito ou de outro. Porém, acho que o caminho que você está escolhendo vai ser ainda mais doloroso. Mas sabe, ainda dá tempo, você ainda tem escolha, você ainda pode mudar o rumo da história.

Então, vão aqui algumas considerações:

— Ame-se o bastante para fechar a porta.

— Não se deixe levar por "impulsos incontroláveis" que justifiquem suas recaídas. Não desbloqueie, não procure, não investigue, não espie. Você constrói suas próprias armadilhas.

— Não caia nessa de novo. Ele vai insistir, insistir, mandar zap, telefonar, insistir mais um pouco. No entanto, depois que ele conseguir, vai se acovardar, sumir, desistir. É assim que ele sobrevive. Mas não precisa ser assim para você.

— A vida dói mesmo. Não caia nessa de querer aliviar um pouquinho, só batendo um papinho, só por uns minutinhos. Acredite em mim: vai doer mais.

— Você pretende amar e sonhar sozinha de novo?

— Muitas vezes a dor da perda não vale a alegria do reencontro.

— Tentar esquecer alguém dói. Mas, se a gente quiser realmente, a gente consegue.

— Não tente justificar os erros dele nem diminuir a dor que ele provocou em você. No fundo você sabe de tudo, a gente sempre sabe.

— Perdoe, mas não supere a ponto de deixar acontecer de novo.

— Não romantize a perda, as dores, os vacilos, o desrespeito.

— Esteja disposta a desistir daquilo que te diminui, entristece, maltrata.

— Não se dê ao trabalho de reagir. Nem toda situação merece uma reação, e de vez em quando o silêncio é a melhor resposta.

— Não tenha medo do amor. Tenha, antes, prudência diante de pessoas que deturpam o real significado do amor.

— Assuma um compromisso com você. Fique firme, forte, lúcida. Ser uma pessoa boa não é ser tonta. Feche a porta, dê um basta, não permita joguinhos.

— Não aceite conversinhas do tipo: "Você é boa demais pra mim"; "Você merece algo melhor do que eu"; "O problema não é você, sou eu". Além de clichê, batido e ultrapassado, é feio, cruel, covarde e falso.

— Algumas pessoas não nos querem na vida delas, mas desejam ardentemente nunca serem esquecidas. Para nutrirem seus superegos, esses supervaidosos brincam com outros corações, despertando o amor sem intenção de ficar. Fuja deles, bata a porta na cara deles, se proteja e se blinde contra eles. Nenhum coração merece ser partido para alimentar o narcisismo e a presunção de alguém.

— E enfim responda: Quantas vezes mais você vai permitir que ele parta seu coração?

Bia entendeu. Era boa, mas não era burra. Era esquecida, paciente e ingênua, mas não era otária. Tinha o coração bom, cheio de perdão, mas não tinha sangue de barata. Fechou os olhos e respondeu à última pergunta em voz alta:

— Nunca mais. Nunca mais. NUNCA MAIS...

Amores que dão certo

Durante muito tempo me apeguei mais às perdas que aos ganhos, como quem recebe uma única crítica numa enxurrada de elogios e só consegue enxergar a rasura, a descostura, o defeito. Por anos fui como aquele pai do filho pródigo, que corre para fazer festa para o filho perdido, enquanto o outro herdeiro, que sempre esteve a seu lado, recebe um tratamento comum. Eu sei, a *Bíblia* diz que essa história representa a "ovelha perdida": "O filho estava morto e reviveu, tinha perecido e foi encontrado". Porém, como disse Santo Agostinho em seu livro *Confissões*, minha dúvida sempre foi esta: "O que se opera na alma quando se deleita mais com as coisas encontradas ou reavidas que ela estima do que se as possuísse sempre?". Pois sempre me perguntei: Por que muitas vezes damos mais valor àquilo que perdemos do que àquilo que possuímos?

Hoje quero celebrar o amor que deu certo. O amor que possuo e que me faz ter a certeza de que não preciso olhar para as coisas perdidas, rasuradas e mal costuradas que já fizeram parte de minha vida. O amor que me assegura que não necessito me deleitar mais com o que perdi do que com o que tenho, e que me garante que não corro o risco de me machucar ao reconhecer suas qualidades, pois realmente é bom e perfeito para mim.

Amores que dão certo são recíprocos desde o início. Não provocam dúvidas, não punem, não competem. Não causam insegurança, não machucam, não iludem. Amores que dão certo comparecem na hora marcada, respondem às mensagens, não desaparecem, não programam punições. Amores que dão certo não fogem, não se acovardam, não se escondem. Cumprem o que dizem, revelam suas intenções, são transparentes em suas convicções. Amores que dão certo empenham-se, torcem e se entregam. Respeitam, orgulham-se, andam lado a lado. Amores que dão certo não traem nem causam dúvidas, mas dão a certeza de que você fez a escolha correta.

É preciso aprender a valorizar os amores que dão certo, não esperar que eles morram para entendermos que eram perfeitos. Aprender a gostar do que é recíproco, real e verdadeiro, e deixar de ter olhos de ilusão para aquilo que não faz bem ao coração.

Bons relacionamentos são feitos de boas pessoas. Você nunca conseguirá ter um relacionamento bom de verdade com alguém ruim. Infelizmente sempre existirão aqueles que trazem dentro de si egoísmo, intolerância, grosseria, falta de empatia. Amar alguém assim, quando não somos assim, é muito difícil. Portanto, cabe a você reconhecer esse traço de personalidade e optar por insistir ou não num amor que não tem como funcionar.

A gente precisa continuar acreditando que o amor pode dar certo. Talvez demore, custe, nos desanime, mas ainda assim dê certo. Ele pode chegar e não ser reconhecido de imediato. E muito provavelmente vai modificar algumas de nossas teorias, quebrar algumas de nossas regras e mostrar que nosso medo de ser feliz para sempre era infundado. É preciso continuar acreditando que um dia alguém vai fazer questão da gente e, de uma maneira que não seria possível antes, a gente gostará disso. Porque com o tempo se aprende que bom mesmo é ter um amor que nos valoriza, prioriza, corresponde. Bom mesmo é querer aquilo que serve pra gente, e não viver de esperar quem nunca quis ser nosso par.

Pare de visitar o perfil da pessoa que está bem sem você

Na adolescência, descobri as revistas de fofocas. A cada semana, eu corria para a banca de jornais e comprava aquela cuja capa tinha o maior babado ou trazia as informações mais detalhadas sobre meu famoso preferido. Eu devorava a revista em instantes e me divertia acompanhando a realidade daquelas pessoas tão próximas e distantes de mim. Na semana seguinte, uma nova manchete estampava a próxima capa e, durante alguns minutos da minha semana, eu me distraía de minha própria realidade e ia acompanhar outros mundos.

Era um vício de menina, e não me ocupava tanto tempo. O que eu não imaginava naquela época é que a curiosidade da humanidade pela vida das celebridades seria substituída pelo hábito de seguir, acompanhar, vigiar e até perseguir vidas comuns, de pessoas próximas, tão importantes ou tão insignificantes para nós.

Vivemos uma era de superexposição, que gera uma supercuriosidade, com uma superpossibilidade de espionar e vigiar. Pessoas supercomuns agem como superdetetives, e pessoas superbanais são vigiadas como supercelebridades. Porém, isso também gera uma ansiedade gigante e uma enorme possibilidade de se frustrar e de se machucar repetidas vezes.

Não bastasse isso, a história toda se complica quando há amor, paixão ou interesse envolvido, principalmente o não correspondido. De repente tudo ficou muito fácil e acessível, e num piscar de olhos lá está você, fuçando pela milésima vez num mesmo dia o perfil da pessoa.

Não que isso lhe traga algum tipo de recompensa ou conforto — porque não traz —, mas você já não sabe viver de outro jeito, não encontra mais maneiras de aplacar essa ansiedade, já está completamente viciado em fuçar e espionar, como se isso trouxesse algum tipo de alívio e paz. Porém, como eu já disse, não traz...

Há uma frase, cuja autoria desconheço, que diz: *"Para curar uma ferida você precisa parar de conversar com ela"*. E o mesmo se aplica a essas visitas que você insiste em fazer ao perfil de quem não está nem aí pra você. Pare de cutucar essa ferida, de se machucar repetidas vezes, de acreditar que "tendo controle" sobre a vida do outro você controla tudo. Pare de tentar aplacar essa ansiedade assim.

Se a pessoa sabe de seu interesse, sabe onde te encontrar e não te procurou, esqueça. Bloqueie da vida, delete o hábito de fuçar o perfil dela nas redes sociais, se distraia com outros assuntos, respire fundo e desligue o celular quando o dedo coçar para se conectar.

A gente se engana e se trai constantemente. E, mesmo sabendo quanto dói, quanto nos desaponta e despedaça, a gente insiste. Insiste em justificar ausências, em amenizar desinteresse, em atenuar desconsideração. Até que chega uma hora em que não dá mais. Porém, nem sempre a gente vira a mesa como deveria. Bloqueia no WhatsApp e no Facebook, mas faz um perfil falso para fuçar, ou pede a senha da amiga para bisbilhotar.

Se for para bloquear, bloqueie de verdade. Bloqueie e desista de explorar, espiar, vasculhar, fuçar, investigar. Bloqueie e não visite o perfil de parentes ou amigos da pessoa. Bloqueie e se ocupe com outros interesses. Bloqueie e não cutuque essa ferida. Bloqueie e siga a sua vida.

O tempo das revistas de fofocas passou, e hoje percebo que, apesar de entreter, não acrescentaram nada pra mim. Do mesmo modo, de vez em quando é necessário ficar off-line. Desconectar para apaziguar o espírito, para desintoxicar a alma, para se reconectar com o que é essencial. Quanto mais em off você viver, menos necessidade de on você terá. E, aos poucos, as coisas vão dar certo. Você perceberá o que deve escolher, e onde realmente vale a pena permanecer.

Esperar dói. Desistir dói. Mas às vezes é preciso decidir entre os dois pra que pare de doer

O que a vida quer de nós é coragem. E é preciso muita coragem para insistir e, igualmente, muita coragem para desistir. Porém, acima de tudo, temos de ter sabedoria para discernir entre o momento de um e o do outro.

Desistir é uma decisão, e pode ser nosso maior ato de bravura. Ninguém enxergará as batalhas que você travou para aceitar que o tempo das esperas acabou; para substituir o sentido que aquela esperança lhe dava por uma forma de vida inteiramente nova.

Nem sempre a gente enxerga que é hora de abrir mão. Que não há mais o que esperar daquilo que a gente tanto desejou. Que o tempo de insistir e nos dedicar ao que queríamos chegou ao fim. Que, apesar de nosso desejo e de nossos esforços, não há mais que fazer. É doloroso aceitar que nem sempre nossas vontades são aquilo que Deus reserva para nós, e que, simplesmente, temos que deixar ir.

Precisamos de sabedoria para escolher bem as batalhas que vamos travar. Enquanto não aprendemos isso, enquanto escolhemos batalhas que já estão perdidas e gastamos toda nossa energia forçando chaves em fechaduras erradas, sofremos.

Ao permanecermos com esperanças num lugar onde não há mais o que esperar, nós nos atormentamos. Ao insistirmos em algo que nunca vai se modificar, padecemos. Enquanto teimamos em acreditar que teremos resultados favoráveis ao forçar um sapato que não nos cabe, sofremos. É preciso paz para ouvir a voz da intuição e entender que desistir pode ser um grande ato de amor por nós mesmos.

É preciso não confundir desistência com derrota. Desistir é uma decisão, um trato com uma nova forma de vida, e pode significar uma nova chance, um recomeço. Assusta porque nos obriga a renunciar àquilo que, mesmo sendo ruim, muitas vezes dava sentido a nossa existência.

O desconhecido assusta. Nos apegamos ao que conhecemos bem, mesmo que seja um lugar de derrota e dor. Por isso sofremos ao soltar o último fio que nos liga a nosso mundo, à realidade que até então nos definia. Porém, soltar essa fagulha de esperança, embora seja assustador e sofrido, algumas vezes é necessário.

Não desejo que você mate seus sonhos, mas que tenha sabedoria para escolher onde deve permanecer. Que não se iluda com aquilo que só aconteceu na sua imaginação, nem insista em situações que só se concretizaram em seus devaneios. Nem tudo o que a gente quer é para a gente. E aceitar isso, e lidar com isso, dói, machuca, deixa marcas profundas. Mas, quanto antes você conseguir discernir o que é real e possível do que é fantasia e ilusão, mais cedo perceberá que a felicidade também é uma decisão, e que a vida acontece para aqueles que escolhem recomeçar quando tudo parece desabar.

Dói, mas passa

Certo dia, assistindo ao ótimo *Todas as razões para esquecer*, revisitei algumas dores esquecidas e respirei aliviada ao perceber que as emoções de Antônio, o personagem central, já foram vivenciadas por mim e deixadas para trás. No longa brasileiro, Johnny Massaro interpreta um jovem que leva um fora da namorada e tem que aprender a lidar com toda a tristeza e mágoa decorrentes de uma separação, até o momento em que começa a encontrar meios de superar e seguir em frente.

É quase impossível assistir ao filme sem nos identificarmos com Antônio, com toda a dor e fragilidade experimentadas por ele, ou nos comovermos diante do momento em que ele finalmente entende que não há mais que fazer a não ser tocar a vida aceitando o fim de seu relacionamento.

Caio Fernando Abreu dizia que *"É da natureza da dor parar de doer"*. Gosto muito dessa frase porque ela traz esperança. Porque ela nos faz perder o medo de sentir dor e nos autoriza a experimentar a aflição, tendo em mente que essa angústia não será definitiva.

Já estive no lugar de Antônio e superei, mesmo achando que jamais sairia da situação. O que aprendi com a experiência foi que é preciso acolher a tristeza, vivenciar o luto, se permitir chorar, mas nunca abrir mão de si mesmo e do amor-próprio na tentativa de reverter o quadro.

Determinadas coisas jamais podem ser cobradas. Atenção, amor e permanência num relacionamento são algumas delas. Então, se o outro quer ir, deixe-o ir. Não insista, não tente convencê-lo do contrário, não perca a dignidade suplicando por uma reconciliação. A dor da perda não é nada comparada à opressão de permanecer numa relação em que somos aturados, e não amados.

Quando você se diminui, alimenta a dor. Quando aceita migalhas como prova de atenção, você prolonga o sofrimento. Ao cobrar algo que deveria ser espontâneo, você perde a paz. Ao se recusar a aceitar aquilo que não pode mudar, você se machuca o dobro. Se insiste em conversar com suas feridas, você não se cura.

Numa das cenas do filme, Antônio, já recuperado, afirma: *"Eu acho que o que faz diferença é saber que vai doer e respeitar. Porque, no final, de uma forma muito estranha e inexplicável, vai ser bom também"*.

Então é isso. Não se cobre tanto. Não é de uma hora pra outra que para de doer, nem da noite para o dia que a gente esquece. Na verdade, a gente nunca esquece, pois se foi importante, se acrescentou algo bom, as digitais permanecem. O que acontece é que a dor vai dando lugar ao entendimento, e a lembrança deixa de ser uma experiência mordaz para ser algo tênue, um lembrete de que fomos modificados para sempre.

Nem sempre o amor é suficiente para duas pessoas ficarem juntas

Eles tentaram muito. Insistiram. Relevaram as diferenças, toleraram a distância, se desgastaram, se amaram, se machucaram. Ela guarda palavras não ditas, sonhos não realizados, trechos de uma vida que não se concretizou. Ele carrega os abraços dados, as noites em claro procurando uma saída, a ironia de gostar tendo que recuar.

Ela sabe que ele foi a pessoa certa na hora errada. Ele acha que um dia ela vai se arrepender por ter sido tão racional. Ela quis que ele mudasse. Ele se ressente de não ter sido aceito como é.

Nem sempre o amor é suficiente para duas pessoas ficarem juntas. Uma relação duradoura é feita de encontro, cumplicidade, admiração e parceria. Pode haver amor, atração, paixão... mas, se faltar confiança, compreensão e respeito, não dura.

Pensar na pessoa o dia inteiro não basta. Ter química, atração, desejo e sintonia não satisfaz. Às vezes é preciso mais. É preciso disposição e disponibilidade para uma relação; maturidade para uma união; fidelidade para apaziguar o coração; confiança, respeito, tolerância e perdão para uma real conexão.

Não adianta ter saudade se não há maturidade. Não resolve pedir perdão chorando se no dia seguinte permanece maltratando. Não funciona dizer que ama quando todo o resto desanda.

Talvez um dia ela se lembre dele ao ouvir o antigo refrão que diz: "Eles se julgavam diferentes, como todos os amantes imaginam ser; faziam tantos planos que seus 20 e poucos anos eram poucos pra tanto querer...". Então ela vai sorrir e entender que a vida é feita de caminhos tortos, e nem sempre querer é sinônimo de permanecer. Que o amor deles ficou distante, numa época que se perdeu. E que é por isso que de vez em quando as memórias vêm à tona, não como uma saudade doída, e sim como um afago doce no pensamento.

Ele vai saber dela e terá noção de seus próprios erros. Entenderá as pontas soltas e lamentará não ter tido mais discernimento. Sentirá falta dela nas horas mais improváveis e vez ou outra terá sonhos perturbadores. Mas ficará feliz por perceber que eles cresceram e souberam superar. Que nem sempre gostar muito de alguém é pré-requisito para essa relação funcionar. Que às vezes uma relação dá mais certo com os ex-amantes seguindo caminhos distintos e desejando o bem do outro do que caminhando lado a lado.

Enquanto a vida vai e vem, dentro deles permanece a lembrança um do outro. Pode ser que um dia se reencontrem e digam o que sentiram. Que o amor era perfeito; imperfeitas eram as pedras do caminho.

As pessoas enviam sinais

Dia desses assisti a uma comédia romântica muito interessante na Netflix *Como superar um fora*, e me diverti com a personagem Maria Fe, que, após o namorado descartá-la pela internet, enfrenta uma jornada de autoconhecimento e superação, passando pelos cinco estágios do luto de forma leve e divertida, até redescobrir um novo sentido para a vida dando dicas sobre amor e relacionamentos num blog pessoal. O filme peruano me fez refletir sobre situações semelhantes que já vivi no passado, e que hoje, com maturidade e distanciamento, consigo entender melhor.

O ex-namorado da protagonista não tinha certeza do que sentia. Mesmo rejeitada, no início Maria Fe tenta convencê-lo de que é com ela que ele deve ficar. Porém, não deveria ser assim. Não deveríamos forçar chaves em fechaduras erradas, pescar com linha de barbante, tomar sopa com palitinho, vedar rachaduras na parede com chumaços de algodão... muito menos insistir para que uma pessoa fique conosco quando ela não tem a mínima intenção de ficar. Deixe-a ir. Se não corresponde, não te serve.

A gente tem que se amar o bastante para fechar a porta de onde não é bem-vindo. Ser corajoso o bastante para desistir de uma relação em que só a gente investe tempo e vontade. Temos que parar de guardar lugar para quem não tem a mínima intenção de seguir viagem ao nosso lado. E começar a entender que nem tudo o que queremos nos serve.

Aprenda uma coisa: quem te quer não vacila, não duvida, não joga. Quem te quer, te tem como certeza. Quem te quer arruma um jeito, dribla a falta de tempo, manda mensagem, email, carta escrita à mão. Pede dispensa do trabalho, pega avião, sai mais cedo, chega mais tarde, sacrifica a rotina e não faz do amor um jogo de dados correndo o risco de te perder. Quem te quer não deixa você passar, não brinca com seus sentimentos, não titubeia na hora de te acompanhar. Quem te quer se importa, arruma a casa e o coração para te esperar, é cuidadoso com o que pode te magoar.

As pessoas enviam sinais. E, mesmo sendo difícil admitir, a gente sempre sente quem faz questão da gente. Nem sempre quem gostaríamos que se importasse se importará. Nem sempre aquele a quem queremos tão bem desejará nossa proximidade também. E, mesmo doendo, não vale a pena se agarrar à ideia de que ainda há o que esperar. No fundo, a gente sempre sabe. Sabe quando nos querem por perto, quando desistiram de nos acompanhar, quando nunca tiveram a intenção de ser nosso par.

Que a gente tenha intuição e sensibilidade para reconhecer onde é querido, bem-vindo e valorizado de verdade, sem aceitar migalhas como provas de amor ou pequenas gentilezas como interesse real. Que o amor-próprio nos ensine a parar de insistir naquilo que não nos serve, e que o "semancol" nos dê lucidez para nos afastarmos de lugares onde não cabemos mais. Que a expectativa vã não nos machuque demoradamente, e que a fé em dias melhores não nos abandone definitivamente.

> "Aqueles que se amaram muito um dia têm que permanecer amigos para sempre, senão o mundo fica cruel demais"

Existe um período de que os ex-amantes necessitam para se recuperar de uma separação, que pode durar dias, meses ou anos. Porém, chega uma hora em que as mágoas são dissipadas, as lembranças dolorosas não machucam mais e o carinho pelo tempo de convivência aflora.

Cedo ou tarde esse momento chega para todos que um dia se amaram. Porém, nem todo mundo consegue romper a barreira do estranhamento e se reaproximar de um jeito novo.

Existe um ciclo afetivo que determina um prazo até que estejamos prontos para nos relacionar novamente com aqueles que um dia amamos. Esse ciclo estabelece um intervalo em que temos que nos curar e sermos capazes de direcionar nosso afeto, nosso carinho e nossas boas lembranças para um novo tipo de relação: a amizade.

Foi Domingos de Oliveira quem disse: "Aqueles que se amaram muito um dia têm que permanecer amigos para sempre, senão o mundo fica cruel demais". Pois eu penso da mesma forma. Não há crueldade maior do que nunca mais trocar algumas palavras com aqueles que um dia amamos. Não há insensatez maior do que acreditar que não é possível olhar para trás com ternura e afeição, sem um pingo de má intenção. Não há incoerência maior que imaginar que o amor não possa se transformar numa amizade real e desprovida de recaídas.

Por alguma razão seguimos em frente por caminhos distintos, mas isso não significa que colocamos uma pedra em cima do que fomos ou do que vivemos. Carregamos em nós retalhos de nossas vivências e vestígios de nossas experiências afetivas.

Como filha de pais separados que estiveram juntos por 40 anos, me alegra perceber que o hiato de mágoa, desconforto, tristeza e ressentimento entre eles chegou ao fim. Devagar os dois têm conseguido se apoiar nos momentos difíceis, posar para fotos juntos nos aniversários dos netos e compartilhar a alegria dos bons momentos.

Mais que um gesto de civilidade, eles permanecem se amando de um jeito novo, com muito menos dor. Crueldade seria permitir que o tempo passasse sem que voltassem a se cumprimentar; seria autorizar o avanço da vida sem nunca mais se sentarem à mesma mesa para tomar um chá.

Aqueles que um dia se amaram muito jamais poderão agir como meros desconhecidos. Depois que a poeira baixa e as feridas cicatrizam, ainda resta a possibilidade da amizade. Não como um prêmio de consolação, e sim com a certeza de que é possível usufruir desse vínculo de uma outra maneira, muitas vezes bem melhor.

Por mais penoso que tenha sido o fim, um dia deixará de doer. E sentiremos falta da pessoa — não como objeto da nossa paixão, e sim como alguém que um dia quisemos sempre por perto. Tornar possível a amizade com quem um dia amamos é um gesto de amor-próprio.

É importante ressaltar, porém, que não devemos romantizar essa amizade, e sim entender que, ao possibilitarmos esse elo, estamos aumentando nosso repertório de relações humanas, amadurecendo nossa afetividade, nos tornando melhores e mais sensíveis. Não há perdas, só ganhos.

Sendo assim, só posso concluir que a tristeza pelo fim de uma relação amorosa pode ser amenizada pela esperança de um dia nos tornarmos amigos. Pela possibilidade de um dia voltarmos a nos encontrar de uma forma mais suave, sem o medo de ser abandonado, sem a insegurança da paixão, sem as cobranças e exigências de uma relação. Pode ser que isso atenue a dor do fim. Talvez isso seja o combustível para termos paciência com o tempo e as demoras — e nos permita ver a vida como um ciclo de finais e recomeços.

Ninguém é muita areia para o caminhão de ninguém

O atleta Bo se apaixona pela menina Will, e ela, insegura com seu peso e seu físico, faz de tudo para afastá-lo, ou pelo menos para que ele enxergue que se enganou e escolheu a pessoa errada. Na cabeça dela, quanto antes ele souber que ela é "horrível", melhor.

O filme *Dumplin*, baseado no livro homônimo de Julie Murphy, traz à tona o tema da autoestima, autoconfiança e insegurança. Apesar de a história central não girar em torno do romance vivido por Willowdean Dickson (Danielle McDonald) e Bo Larson (Luke Benward), me fez refletir sobre quanto nos acovardamos diante de alguns presentes inesperados da vida. Quanto desdenhamos a felicidade quando não nos julgamos merecedores. Quanto podemos recusar o afeto de alguém simplesmente por não nos considerarmos bons o bastante para ele.

Rupi Kaur tem uma frase de que gosto muito: "O modo como você ama a si mesma é o modo como você ensina todo o mundo a te amar". Essa frase me faz pensar que a gente se acostumou a receber e a aceitar pouco, e, quando recebemos muito, que susto! Supomos que houve um engano, erraram o endereço, estão pregando uma peça na gente. Não nos conformamos em ser o objeto de desejo de alguém. Nós nos assustamos ao sermos eleitos interessantes. Esquecemos de que nos acostumamos a querer pouco, e também ensinamos aos outros que merecemos pouco.

Você pode ter a autoestima lá em cima, mas, ao afastar alguém ou sabotar a própria felicidade por não dar conta de lidar com tanta areia para o seu caminhão, está atestando que prefere a paz permanente da derrota à alegria volátil do êxito.

A gente tem de parar com essa mania de afugentar as bênçãos como se não tivesse condição de lidar com elas. Como se a infelicidade fosse mais certa, confiável e confortável. Como se sermos eleito pela sorte fosse uma pegadinha de mau gosto ou um sonho passageiro do qual logo fôssemos acordar.

Insegurança é isso: preferir se refugiar numa vida protegida, restrita e infeliz a ousar afrouxar as defesas e expor a vulnerabilidade correndo o risco de ser um pouco mais feliz.

Ao adquirir autoconfiança não perdemos o medo, mas suportamos melhor as derrotas. Quando nos tornamos autoconfiantes não se esgotam as preocupações, mas aprendemos a tolerar as imperfeições, sem desistir de nós mesmos diante das primeiras aflições.

Descobrir que podemos viver sem comparações, mas respeitando e valorizando a diversidade de corpos, rostos, cabelos, tons de pele e estruturas ósseas, nos ajuda a entender que, no final das contas, ninguém é muita areia para o caminhão de ninguém.

Que possamos amadurecer com sabedoria, aceitando que somos geniais o bastante para merecermos amores incríveis, inteiros e loucos para atravessarem a vida conosco. E que não nos falte a capacidade de viver e amar com intensidade, arriscando ser um pouco mais felizes em nossa vulnerabilidade.

Relacionamento tipo porta giratória

A gente ensina aos outros como quer ser amado. Talvez de modo inconsciente, nós mostramos a todo mundo como desejamos ser tratados, e nem sempre demonstramos que queremos ser bem-amados, bem-cuidados, bem olhados, bem decifrados, bem respeitados.

Muitas vezes preferimos requentar o café frio de anteontem a não beber café nenhum e, de forma distorcida, ensinamos aos outros que não merecemos um café quentinho e cheiroso, recém-coado e com sabor marcante. Talvez devêssemos escolher não ter nada a ter as piores porções.

E é assim também que aceitamos um relacionamento tipo porta giratória, e permitimos que nosso coração abrace e seja abandonado tantas vezes quanto o outro quiser, pois preferimos ter esse alguém entrando e saindo de nossa vida a não ter esse alguém de jeito nenhum.

Nem sempre vamos nos machucar num relacionamento assim. Quando é conveniente para os dois, quando ninguém está criando expectativas ou desejando algo mais, os pratos da balança se equilibram e ninguém se machuca. Porém, tudo muda quando você faz um investimento emocional na relação, e o outro, não. Quando você aposta num banquete e recebe somente migalhas.

Você jamais terá um banquete se ficar satisfeito com as migalhas. Jamais será levado a sério se romantizar joguinhos e justificar vácuos e perdidos. Jamais será convidado pra um encontro olho no olho se acreditar que o *like* na foto antiga é a melhor alternativa.

Antes, porém, de sair fazendo cobranças e exigências, estabelecendo regras e impondo ultimatos, experimente simplesmente sair da porta giratória e veja o que acontece. Em vez de esperar uma mudança de atitude do outro, mude você. Seu coração não precisa viver em compasso de espera, dando chances e mais chances a alguém que não te dá a mínima. Se o outro se importasse, a porta não giraria.

Espero que você nunca se esqueça de que ofereceu chances e elas foram desperdiçadas, todas elas. Espero que você não se distraia das sensações ruins que a porta giratória te causou, e não caia na tentação de duvidar das cicatrizes que ela deixou. Que você não ignore quanto esse vaivém emocional te faz mal, e aprenda de uma vez por todas que quem tem consideração por você não faz de seu coração um parque de diversão.

Algumas pessoas vão te abandonar porque têm medo de serem abandonadas por você

Há algum tempo, uma amiga de longa data me contou que a música que tinha maior significado para ela atualmente era *Doesn't remind me*, da banda Audioslave. Curiosa, fui conferir a letra, que dizia algo como: "Gosto de mariposas e conversas de rádio, pois isso não me lembra nada". E seguia, listando diversas coisas aleatórias de que o autor da canção gostava (como martelar pregos e roupas coloridas ao sol) pelo único motivo de que essas coisas não o faziam se lembrar de nada. Achei meio sem sentido, até que, no refrão, veio a explicação: "As coisas que amei, as coisas que perdi / As coisas que julguei sagradas e depois abandonei / Não vou mais mentir, pode apostar / Não quero aprender coisas que precisarei esquecer".

Eu sabia das perdas recentes de minha amiga, e, por isso, naquele momento compreendi. Ela precisava se proteger, se blindar, se sentir segura de alguma forma. Depois de sermos machucados repetidas vezes, aprendemos a adotar mecanismos de defesa. Nem sempre esses mecanismos são ideais, mas nos ajudam a enfrentar o medo e encontrar algum alívio.

Como você sobrevive depois de um trauma? De que maneira decide seguir depois que tudo desmorona? Que mudanças ocorrem silenciosamente, sem que ninguém perceba, no seu íntimo? Você se amortece como minha amiga, adquirindo gosto por dirigir de ré na neblina se isso não lhe lembrar nada, fugindo das lembranças mais significativas da sua existência já que elas lhe causam dor, ou arrisca mais um pouco? Você foge para o Alasca imaginando que lá não terá conflitos ou enfrenta a vida e suas imperfeições? Tenta superar a dor do abandono sendo aquele que abandona ou experimenta a vida à flor da pele com toda exposição e vulnerabilidade que ela oferece?

Assim como as artimanhas citadas, a autossabotagem é um mecanismo de defesa, e aqueles que têm medo do amor se sentirão seduzidos a agir como aquele que abandona em vez daquele que é abandonado. O medo do desamparo é tão grande que é preferível ser aquele que renuncia a ser aquele que é deixado pra trás.

Sabe quando você era criança e fazia aquela fileira gigantesca de dominós, mas não ia dormir antes de empurrar todos eles? Ou quando empilhava cartas de baralho e preferia derrubar tudo a correr o risco de acordar no outro dia e ver o castelo destruído? Você tinha medo de moldar sua alegria em cima de algo e depois ver esse algo desmoronar.

Quando você se machuca repetidas vezes por ter estado vulnerável, por ter confiado, por ter se doado, você acaba se blindando.

Somente fugirá do amor quem muito amou e se despedaçou. Só se protegerá contra a vulnerabilidade quem muito se expôs e sentiu-se desarmado. Desistirá de aprender apenas aquele que teve que lutar para esquecer. Somente negará o que sente quem um dia foi inteiro e se fragmentou.

Clarice Lispector tem uma frase de que gosto muito: "Coragem e covardia são um jogo que se joga a cada instante". Acho que essa frase faz todo o sentido à medida que vamos entendendo que nem sempre estaremos nos blindando, nem sempre estaremos nos atirando, mas precisamos aprender que viver com coragem é viver com liberdade. E só é livre quem não se encarcera, não se superprotege, não se esconde. Assim, por mais que seja um risco, é preciso não ter medo de assumir o que se sente e o que se deseja, pois a gente só vai se curar quando ventilar nossas feridas mais profundas e deixar o tempo tratar...

Amor mesmo, amor pra valer, é muito difícil

Que atire a primeira pedra quem nunca sonhou com um amor desses de cinema, correndo de mãos dadas na chuva, tomando vinho em frente à lareira, compartilhando planos, gostos, viagens, filhos... com química, afeto, saliva, música de fundo e foto tipo Tumblr no Instagram.

Atire a primeira pedra quem nunca imaginou que o amor pudesse ser 100% encontro, romance, fogos de artifício e a solução de todas as nossas angústias, carências, dificuldades e incompletudes.

Atire a primeira pedra quem nunca teve pressa de amar e ser amado, de junto ao seu par ser um casalzão desses que a gente olha e sorri, de adquirir a segurança de nunca ser decepcionado ou incompreendido, de nunca conviver com a imperfeição.

Nos anos 1980, Herbert Vianna já alertava: "A vida não é filme, você não entendeu", mas ainda assim a gente seguiu, insistindo na crença de que, para amar, bastaria ter afeto. Ninguém nos contou que amor sem comprometimento não dura. Amor é afeto, mas também disposição para dar certo.

A verdade é que amor mesmo, amor pra valer, é muito difícil. Porque dá trabalho. Porque necessita de tempo, requer entrega, comprometimento, formação de vínculos. Exige renúncia e significa escolher a mesma pessoa todos os dias. Amor mesmo, amor pra valer, é para os fortes e corajosos.

Se ninguém te contou, eu conto: amar demanda empenho. Construir uma relação com vínculos duradouros implica não somente acolher o brilho no olhar e o sorriso ao acordar, mas se comprometer igualmente com as dificuldades e noites sem dormir da relação.

Se ninguém te contou, eu conto: amar não é para preguiçosos. Pois amar é uma tarefa trabalhosa e algumas vezes cansativa. Pode exigir algumas renúncias e adiamento de vontades e planos. Amar não é para individualistas, egoístas e comodistas. Amar desassossega.

Amar não é simplesmente ter o outro à nossa disposição, mas também priorizar o outro em nossa vida. Não é só ter alguém interessado em nós, em nossas qualidades e conquistas, como também nos interessarmos de verdade pela vida do outro, saindo do nosso mundinho, aceitando as diferenças, do mesmo modo acolhendo a discordância como parte de nosso universo.

Amar é uma escolha, e às vezes temos que colocar essa escolha acima de todas as outras.

Vivemos uma época em que o maior patrimônio é o tempo. Muitas vezes, porém, desperdiçamos esse bem precioso e declaramos que não temos tempo suficiente para investir construindo vínculos. Vivemos o paradoxo de desejar um amor desses de cinema e não querer empregar nossa energia na construção dessa relação. Almejamos ter alguém com quem compartilhar nossas alegrias e angústias, mas não estamos dispostos a priorizar esse amor. Aspiramos por alguém que goste de nós verdadeiramente, mas nunca dedicamos um tempo para conhecer de fato o outro.

Numa sociedade rápida como a nossa, nem sempre estamos dispostos a doar nosso tempo construindo laços com alguém. A andar lado a lado não apenas quando todas as peças se encaixam, mas também quando faltam respostas e significado. A permanecer não somente quando há beleza, mas também quando é preciso suportar a aridez e a severidade.

Amor é afeto, mas também decisão. Investimento. Construção. Empenho. Disposição. Interesse genuíno no outro. Prioridade. Vínculo. Vontade. Escolha. Você escolhe o outro e o relacionamento todos os dias, e empenha-se diariamente para fazer dar certo. E, ao final, descobre que conseguiu ter um amor desses de cinema, mas não foi de graça. E isso é igualmente bonito, pois a vida também acontece nos bastidores, quando as luzes se acendem e a plateia se despede.

Não faça jogo. Demonstre interesse, sim

Dia desses, assistindo ao canal da Jout Jout no YouTube (amo, recomendo!), me diverti demais ao ouvi-la falar sobre como odeia esse lance de joguinho.

Dizia a Jout Jout: "No mundo da sedução, existem aquelas pessoas que não gostam de fazer joguinhos, e também aquelas que gostam. Ambas são ótimas. Mas, quando alguém que não gosta de fazer joguinho tenta se relacionar com uma pessoa que gosta de fazer joguinho, geralmente ela é tachada de desesperada".

E concluía: "Quem faz joguinhos parte da premissa de que desinteresse é interessante".

Além de me divertir, recordei antigas relações, a maior parte delas permeadas pelo tal do joguinho. Hoje, olhando para trás, não acredito na paciência que eu tinha, na capacidade de jogar também (já que no final das contas eu entrava no jogo), na tolerância com as demoras, no sangue-frio de fingir uma coisa quando eu queria outra, na energia gasta elaborando estratégias para equilibrar desejo e desinteresse.

Apesar de parecer algo ligado à insegurança, de não dar o braço a torcer, de não ceder, ou uma estratégia destinada aos mais jovens, acredito que fazer joguinho não tenha relação com idade. Conheço muita gente jovem que não faz joguinho, e muita gente "madura" que permanece fazendo.

É possível seduzir de outras formas. Fazer joguinho não é a única estratégia de conquista, de instigar o interesse do outro por nós, de aumentar nosso poder de atração. É claro que ele funciona durante algum tempo, mas também leva embora muito de nossa energia, além de confundir e punir o outro, desperdiçando um tempo enorme que poderia estar sendo dedicado a outras coisas.

O escritor norte-americano Jack Kerouac tem uma frase que eu adoro: "Só confio nas pessoas loucas, aquelas que são loucas pra viver, loucas para falar, loucas para serem salvas, desejosas de tudo ao mesmo tempo, que nunca bocejam ou dizem uma coisa corriqueira, mas queimam, queimam, queimam, como fabulosas velas amarelas romanas explodindo como aranhas através das estrelas".

Concordo com Kerouac. Por ser transparente, intensa e talvez louca, tenho preferência por aqueles que se arriscam, vivem intensamente e não se defendem fazendo joguinhos e confundindo outros corações.

Prefiro a coragem dos que são verdadeiros correndo o risco de quebrar a cara à covardia dos que fazem jogo e magoam os outros pelo medo de se sentirem vulneráveis.

Gosto de gente à flor da pele, que se conecta sem reservas, estratégias ou artimanhas. Que se comunica com honestidade e se declara com afetividade. Que se expressa, corresponde, deixa tudo às claras. Gente que não confunde nem perturba o coração do outro só pelo prazer de se vangloriar. Que é leal com aquilo que sente e aceita o risco de se machucar um pouquinho quando transborda.

ALTA
CONECTIVIDADE
EU ESCOLHO TORNAR A
MINHA VIDA ALGO BOM

Às vezes, tomar um café com uma amiga é a única terapia de que você precisa

Com minha mãe tenho aprendido um dos grandes ensinamentos da vida, algo que ainda preciso praticar mais, mas que ela exaustivamente exercita e me inspira dia a dia. O ensinamento é: cuide de suas amigas.

Minha mãe nunca descuidou das amigas. Mesmo em seus momentos de intensa atividade profissional, filhos pequenos e afazeres domésticos, ela ainda conseguia encontrar brechas na agenda para reunir-se com sua turma de confidentes, parceiras de risadas e afinidades, cúmplices de erros e acertos, irmãs escolhidas a dedo.

Fiz anos de terapia. Foi um período de grandes mudanças, amadurecimento e autoconhecimento, e acredito que nada substitui uma boa sessão no divã. Porém, se tem algo que pode facilmente restabelecer nosso equilíbrio, bem-estar e juízo é tomar um café demorado com uma amiga.

Você pode ter um bom marido, filhos que te querem bem, pais amorosos e colegas de trabalho bacanas. Mas, se não tiver uma grande amiga com quem possa dividir um café e colocar em dia as experiências, alegrias, angústias, dicas preciosas, os toques certeiros, desabafos, as comemorações, conquistas e decepções, você estará em falta consigo mesma.

É importante ter uma amiga com quem dividir aquilo que você não divide com seu marido, com seus filhos, com seus pais ou com qualquer estranho no ponto de ônibus. É importante ter uma amiga que não se sinta intimidada, atingida ou insegura diante de suas confissões mais cabeludas ou decisões mais absurdas. É essencial ter uma amiga que ouça seus segredos com empatia e retribua o gesto com a mesma confiança e parceria. Que possa rir de suas histórias bobas; chorar com você durante seus dramas intensos; se emocionar com sua narração do último filme interpretado por Jacob Tremblay; entender suas oscilações hormonais; ser solidária às suas queixas do trabalho, dos grupos cansativos de WhatsApp ou do preço abusivo do combustível.

Há horas que só uma grande amiga pode te aconselhar, resgatar, amparar. Só uma grande amiga, sentada num charmoso café, pode te ajudar a colocar o peso da vida em seu devido lugar, diminuindo a gravidade de suas tempestades e acrescentando fermento à sua felicidade. Apenas uma amiga incrível, pegando no seu pé porque você coloca açúcar demais no café, pode entender suas inconstâncias, contradições e inquietações. Uma amiga de fé é a única que pode te dar um "presta atenção" dos bons que colocará você de volta no seu lugar, cuidando para que jamais se sinta fracassar.

Na liquidez das relações, priorize suas amizades; pois somente uma grande amiga conhece sua verdadeira força por trás da aparente fragilidade. Só ela sabe que, embaixo dos inúmeros disfarces que você usa rindo de si mesma e fazendo auto-bullying, está uma pessoa que quer ser aceita e amada, respeitada e valorizada. Ela conhece suas fraquezas e autoriza suas saudades, mas dá um chacoalhão quando percebe seu olhar adocicado demais para o passado. Apenas uma amiga de verdade conhece seus sonhos, os novos e os antigos, e não deixa você abandoná-los tão fácil. É ela quem te ajuda a não terceirizar a responsabilidade pela sua vida, e assumir todos os seus erros e acertos de cabeça erguida, sem se culpar, martirizar ou vitimizar por aquilo que não pode controlar.

"Às vezes, tomar um café com uma amiga é a única terapia de que você precisa." Não espere que os filhos cresçam, que a aposentaria chegue, que o ritmo de vida desacelere. Não deixe para depois, pra quando tudo se acalmar, na hora que Deus mandar. Reserve brechas na agenda e assuma compromissos sérios, dando prioridade à amizade. Desista de inventar desculpas e de acreditar que ter centenas de amigos no

Facebook é o mesmo que ter uma amizade sólida e profunda, baseada naquilo que foi vivido e compartilhado dia a dia, cara a cara. Descubra que ter amigos verdadeiros é um investimento — de felicidade, de saúde e de vida. Que o café seja pretexto para boas risadas, confidências, recordações, partilha e planos. E, antes que a conta ou a sobremesa chegue, vocês perceberão que o encontro valeu cada minuto investido; pois, para bem viver, é preciso insistir nos encontros felizes, e nunca, jamais, lamentar aquilo que por alguns instantes fez você perder a noção da hora e esquecer a fragilidade das coisas e do tempo.

Se não puder falar bem de alguém, cale-se

Se existe algo que tenho aprendido com a idade e com o passar dos anos, é a arte de conviver. E olha que, antes de aprender, a gente erra muito, erra feio. Porém, com o tempo e alguns enganos, vamos adquirindo um certo tipo de elegância e polidez que vão além da educação. É algo sutil, mas que faz muita diferença, e que começa com a capacidade de ouvir mais do que de falar, e principalmente de manter distância das rodas de fofoca.

Quando abro a boca para falar mal de alguém, minha energia se canaliza para a mesquinhez, para a arrogância, para o julgamento frívolo e fútil. Essa energia ruim permanece dentro de mim, e é com ela que vou me alimentar, trabalhar, descansar. E, sem perceber, desperdiço minha vitalidade, os dons que recebi de Deus, a possibilidade de usar a palavra para algo mais assertivo e produtivo.

A vida já é tão complicada, já nos esforçamos tanto para vencer cada dia... que, se não pudermos mandar energias positivas e bons pensamentos a favor das pessoas, é melhor silenciar. Silenciar é um gesto de sabedoria, de encontro com o que é de fato importante e deve ser levado adiante, de retomada do equilíbrio, de regeneração das mágoas e busca do bem-estar.

Ninguém sabe o que o futuro lhe reserva. E, por mais clichê que seja, realmente "a vida dá voltas", e pode ser que aquilo que você tanto recriminou e condenou na vida alheia venha a acontecer na sua própria vida.

Adoro esta frase de Fernando Pessoa: *"Segue o teu destino, rega as tuas plantas, ama as tuas rosas. O resto é a sombra de árvores alheias"*. Pois é assim que deve ser. Cuide da sua vida, lide com suas dificuldades, apare seus defeitos, aprimore suas qualidades e cure suas mágoas em vez de ciscar pela vida alheia, se incomodando com que o outro faz ou deixa de fazer. Limpe seus olhos antes de falar sobre o cisco nos olhos do outro.

Há tanta coisa a ser feita em nossa casa antes de apontarmos a sujeira na casa do vizinho! Tantas possibilidades de nos aprimorarmos como seres humanos, como seres espirituais, praticando a caridade, a generosidade e a compaixão, que não deveria sobrar tempo para recriminações, julgamentos, hipocrisia e falatórios. Tudo isso é desorganização, é perda de foco, é se afastar daquilo que viemos fazer neste mundo: amar e sermos amados.

Diariamente somos bombardeados com ondas de indignação coletiva, e somos tentados a reproduzir essa raiva, essa indignação, esse ressentimento. No entanto, deveríamos nos proteger dessas mensagens de ódio e segregação. Deveríamos buscar um local de silêncio dentro de nós mesmos e novamente nos conectarmos com o que é importante, com o que nos liga a Deus, com o que vai acrescentar algo de bom em nossa vida.

Todos nós temos a necessidade de ser ouvidos. De desabafar sobre uma relação que não está indo bem ou sobre um mal-estar que nos afetou. Mas é preciso fazer isso da maneira correta, abrindo nosso coração para a pessoa certa, que vai nos ouvir com discrição e cuidado. Isso é diferente de fofocar, de julgar, de espalhar falatórios sem um pingo de responsabilidade.

Quase tudo na vida pode ser praticado e virar hábito. Assim como nos condicionamos a falar mal dos outros, aprendendo com os maus exemplos que tivemos, podemos recolher nossas cadeiras da calçada e começar a praticar o simples hábito de calar a boca. De não entrar em brigas alheias botando mais lenha na fogueira; de não cair em tentação murmurando contra os outros pelas costas; de não ocupar nosso precioso tempo nos divertindo com maledicências; de silenciar e só abrir nosso coração para quem confiamos.

Finalmente há um ditado que diz: "Não cuspa no prato que você comeu". Então, antes de difamar alguém que já te fez feliz, que já foi importante para você, que já teve algum papel na sua vida, pare e pense. Se em algum momento houve uma parceria, uma conexão, até mesmo uma troca de favores, não é justo nem digno falar mal da pessoa. É feio, deselegante, grosseiro e vulgar. E, mesmo que você tenha saído ferido ou prejudicado, não torne pública a sua mágoa, a sua decepção, a sua raiva ou tristeza. Não mande indiretas pelas redes sociais, e descubra que o silêncio pode ser a melhor resposta. Aprenda a arte de conviver e constate quanto é elegante ser discreto.

Não se culpe por se afastar de algumas pessoas e fechar algumas portas

A vida precisa de faxina. De reciclagem. De ressignificação.
De tempos em tempos, precisa que a gente mude os móveis de lugar, troque o tapete, pinte a parede de uma cor diferente. Depois de algum tempo, precisa que a gente rasgue alguns papéis, libere espaço nas gavetas, ventile o ambiente, se desapegue daquilo que deixou de ter significado.

Eu costumava me sentir culpada por jogar fora a maioria dos cadernos antigos do meu filho. Porém, no ano seguinte, outra pilha de cadernos se somava à anterior, e eu acabava descartando aqueles que havia guardado. Hoje, conservo apenas um de cada ano, e pode ser que lá na frente eu descubra que não faz mais sentido guarda-los também. Mas no momento ainda é importante para mim. No momento ainda faz sentido manter aqueles cadernos encapados com adesivos do Minecraft que mostram a evolução da letrinha cursiva e me lembram a fugacidade da infância.

Leva tempo até que a gente se sinta pronto para se desapegar de histórias, objetos, hábitos e pessoas que se quebraram. Como um vaso partido, insistimos em colar os cacos, imaginando que podemos manter a peça intacta, como era anteriormente. Nós nos apegamos aos fragmentos e esquecemos que coisas boas acontecem para quem libera espaços, para quem redimensiona o passado e dá uma chance ao futuro.

Não se trata de vingança. Mas às vezes você tem que parar de direcionar o seu afeto e a sua atenção para quem não é recíproco com você. Deixar de mandar mensagens para quem só aparece quando tem interesse, parar de insistir num encontro para um café com quem sempre arruma uma desculpa, manter distância de quem tenta te diminuir, deixar de ter expectativas após longos silêncios e prolongadas ausências, aprender a se proteger e se valorizar, entendendo que nem sempre gostar muito de alguém é pré-requisito para essa pessoa também gostar muito de você.

Nem sempre ter afeição por alguém é o suficiente para essa relação funcionar. De vez em quando você tem que ter *feeling*, sensibilidade e diplomacia para se resguardar e se afastar. Fomos educados para agir com tolerância e perdão, mas isso não significa autorizar que algumas pessoas nos subtraiam, ou que nossa vida fique suspensa à espera de um gesto de reciprocidade que nunca ocorrerá. De vez em quando você tem que acordar e perceber que esteve remando o barco sozinho, e que já é hora de parar.

A vida precisa de faxina. E isso inclui fechar algumas portas e dar fim a algumas histórias. Nem tudo cabe em nossa nova etapa de vida, e temos que ser corajosos para abrir mão daquilo que um dia teve significado e hoje não tem mais. Nem sempre é fácil encerrar um capítulo. Porém, às vezes o capítulo já se encerrou faz tempo, só que a gente não percebeu.

Por fim, não se esqueça deste ditado: "Não guarde lugar para quem não tem intenção de sentar ao seu lado". Algumas pessoas não valem nosso esforço. Não valem nosso empenho nem nossa intenção de proximidade. Elas simplesmente não fazem questão. E insistir em manter um laço sem reciprocidade só vai nos desgastar, cansar, decepcionar. Quanto antes você entender isso, mais cedo aprenderá a valorizar quem está ao seu lado, seus afetos verdadeiros, sua história bem contada. E, enfim, vai fazer com que você adquira uma espécie de amor-próprio que não lhe permitirá mais remendar porcelanas quebradas. Entenderá de finais e recomeços, e aprenderá a não sentir um pingo de culpa por se amar em primeiro lugar.

O preço de ser "bonzinho"

Muita gente confunde bondade com incapacidade de dizer "não", de impor limites, de dizer o que gosta e o que não gosta, de satisfazer as próprias necessidades.

Aprender a dizer "não" não é sair chutando porta por aí. É estar pronto para amadurecer com confiança, certo de que não deixará de ser amado só porque decidiu levar seus desejos e opiniões em consideração.

Não se trata de dizer que "não somos obrigados a nada", e sim de entender que é importante aprender a se posicionar diante da vida, das exigências do dia a dia, das pessoas e do que cada situação exige.

A vida exige rupturas. Exige que abandonemos nossos ninhos no alto das árvores e ganhemos o céu. Mesmo que o preço seja cair e nos ferir algumas vezes, a recompensa de nos tornarmos quem realmente somos faz valer a pena.

Esqueceram de nos contar que podíamos recusar aquele convite, que não era pecado dizer "não" àquilo que não estávamos dispostos a fazer, que não devíamos nos sentir culpados quando impúnhamos limites ou sentíamos necessidade de nos agradar em primeiro lugar.

Deixaram de nos contar que ser "bonzinho" é diferente de ser bom. Que quando me desagrado para agradar aos outros estou descumprindo a lei do amor, que diz: "Ame a teu próximo como a ti mesmo".

Ser bom é ter empatia, é se compadecer da dor do outro e estar a postos para ajudar, é ter compaixão, tolerância e respeito pelos que nos cercam. Ser "bonzinho", no entanto, é satisfazer as expectativas dos outros, o que nem sempre satisfaz as nossas próprias. É carregar um fardo nas costas, já que é exaustivo corresponder fielmente ao que é esperado por todos, mas nem sempre está de acordo com o que intimamente queremos.

O preço de ser bonzinho é a fragilidade. Pois, enquanto preferirmos corresponder às expectativas externas em detrimento de nosso próprio bem-estar, estaremos frágeis, suscetíveis ao julgamento externo, vulneráveis ao que pensam ou deixam de pensar a nosso respeito. Quem deixa de ser "bonzinho" se fortalece. Descobre que tem valor mesmo quando recusa um favor ou prefere pintar o cabelo de azul.

A vida ensina sussurrando. Enquanto não aprendermos a ser autênticos no querer ou no não querer, no permitir ou no não permitir, no autorizar ou no não autorizar, vamos sofrer as consequências de não sermos gentis com nosso próprio espírito. Não se trata de ser egoísta, e sim de se respeitar em primeiro lugar. Só assim estaremos prontos para ajudar. Só assim estaremos aptos a amar.

All Star azul: Um hino à amizade

Todos os anos, perto de meu aniversário, me dou algum presente significativo. Algo que não entra na categoria de utilidades e necessidades, mas que carrega certa poesia e algum efeito nas entrelinhas que só as almas mais sensíveis reconhecerão. Pode ser um pingente, uma seleção de músicas ou um livro.

Este ano me dei de presente um All Star azul.

O All Star azul fala de uma grande amizade. E eu desejo que meu All Star azul represente isso dentro de mim — os amigos que tive e com quem construí uma história, que, mesmo que tenha ficado lá atrás, como a de Nando Reis e Cássia Eller, ainda é uma história que eu gosto de lembrar.

Ao assistir ao episódio de *Por trás da canção* com Nando Reis, quando em dado momento ele revela a história da letra de sua música *All Star* e conta sobre sua relação com Cássia, algo muito delicado e doce ressurgiu dentro de mim. A lembrança desses meus amigos, as cartas escritas à mão que trocávamos nas férias e a simplicidade de um All Star azul.

Acho que é isso. As melhores amizades são aquelas marcadas pela simplicidade, e até, arrisco dizer, pelas dificuldades. São aquelas que foram construídas num tempo em que vivíamos duros, contando os trocadinhos na carteira, ao passo que tínhamos energia de sobra para varar noites em claro e contrariar o manual da saúde perfeita indo comer pastel na feira após o raiar do sol. Os melhores amigos são aqueles que compartilharam conosco suas dúvidas e seus sonhos, e com quem dividimos nossas primeiras fossas, ressacas e paixões. São aqueles que testemunharam nossos primeiros enganos, nossa necessidade de crescer a qualquer custo, nossa coragem de desafiar as leis da física, da vida e do tempo.

No documentário *Por trás da canção*, os convidados contam sobre a relação de Nando e Cássia, e, entre os depoimentos, ouvimos frases como: *"Havia uma identificação total"*, *"Era um encontro de temperamentos"*, *"Aquilo lá era uma coisa muito acima do que a maioria das pessoas está acostumada a viver"*, *"Aquilo lá era transcendente"*, e isso nos dá a dimensão exata do que uma amizade verdadeira pode ser.

"Estranho seria se eu não me apaixonasse por você." Essa frase pode ser muito boa de ouvir de um namorado, de uma parceira, do marido ou da esposa. Mas pode ser ainda melhor vinda de uma amiga ou amigo verdadeiro, como foi o caso de Nando e Cássia. Porque evidencia uma paixão descomprometida de pele, mas com verdadeira conexão de almas.

Muitas vezes o encantamento por um amigo surge da identificação. Nós nos identificamos com aquele cara que diz coisas que não conseguimos verbalizar e nos sentimos maravilhados por aquela menina que assume medos semelhantes aos nossos. Dizemos que os santos batem, e a sensação é que finalmente o mundo faz sentido. Nando dizia *"Nossa afinidade tinha a ver com uma certa esquisitice, com nossa timidez"*, e percebemos que isso é real, verdadeiro e muito perfeito, pois procuramos no outro algo que nos ajude a enfrentar nossos próprios abismos e excentricidades. Nós nos perdoamos quando enxergamos em nossos amigos a aceitação de nossas estranhezas.

Dizem que a amizade é uma aliança contra a adversidade, e acredito nisso também. São nossos amigos os primeiros a fazer pactos silenciosos de lealdade conosco quando o ensino médio testa os limites de nossa autoconfiança; os primeiros a compartilhar conosco experiências de superação quando somos rejeitados pelo amor platônico da adolescência; os ouvintes de nossos desabafos quando a vida é mais forte que a gente; os parceiros silenciosos de nossas dores não anunciadas, mas certamente reconhecidas por eles.

Meu All Star azul tem o propósito de me lembrar dos amigos por quem carrego paixões. Paixões movidas a gratidão, experiências, parcerias, risadas e lágrimas. Cada vez que sair por aí com meu calçado poético, sentirei que estou abraçando cada um dos meus amigos e carregando uma parte de nossa história em minhas andanças. No fundo, imagino que eles gostariam de andar comigo, pois a lembrança de nossas afinidades me assegura nossas mãos dadas pelo caminho e, mais ainda, a certeza de que, como dizia Vinícius de Moraes: *"A gente não faz amigos — reconhece-os".*

Priorizar é reconhecer aquilo que é essencial

A música *Trem-bala*, de Ana Vilela, tomou conta das redes sociais. A melodia é doce, e a letra fala do essencial. Do tempo que corre apressado, da necessidade de cuidarmos bem uns dos outros, da busca pelo que é realmente importante.

Não por acaso, a estrofe que diz *"Segura teu filho no colo / sorria e abrace teus pais enquanto estão aqui"* é o trecho que mais me comove, justamente por validar aquilo em que acredito.

A vida passa num segundo. Num instante estamos vivendo as primeiras histórias, e no seguinte estamos nos despedindo de quem amamos.

É preciso não adiar os abraços que temos a oferecer, os colos que podemos proporcionar, os sorrisos que há para distribuir, os beijos que queremos dar.

A vida não espera que tenhamos maturidade suficiente até que possamos valorizar um terno abraço em nossos pais ou um colo de urso para nossos filhos.

É preciso sugar o tempo com sabedoria. Entender que trabalho, compromissos e obrigações são importantes, mas jamais poderão ser tratados como prioridades.

Priorizar é reconhecer aquilo que é essencial, o que tem valor, o que deve vir em primeiro lugar. É autorizar a presença de alguém em nossa vida e, ao perceber que esse alguém tem importância, zelar pela relação com respeito, cuidado e carinho. É entender que o tempo leva embora pessoas que nos são caras, e por isso não devemos atrasar nossas demonstrações de afeto, nosso querer bem, nosso "eu te amo" sincero.

Abrace seus pais enquanto eles estão aqui. Aproveite a companhia dos "velhos" ouvindo com atenção as histórias que carregam dentro de si; o jeito como nos olham revelando que ainda somos "suas crianças"; a maneira como se alegram quando nos mostramos receptivos ao seu amor.

A vida nos cobra muito. É lição do filho para ajudar a resolver, prazos apertados no trabalho, ginástica para emagrecer, roupa pra passar, chão pra limpar, *check- up* anual, faculdade, pós-graduação, trânsito e pele boa. Nesse frenesi, encontramos poucas brechas para o essencial. Pouco espaço para um café com bolinhos ao lado da mãe ou filme na Netflix com o pai. Faltam pausas amorosas no nosso dia. Momentos em que é preciso brecar o ritmo abusivo da rotina e abraçar a doce calmaria do encontro.

Outro dia minha mãe me esperou na casa dela, e eu não fui. Apressada com as lições do filhote e prazos do blog para resolver, eu disse que não poderia comparecer naquela tarde. Dias depois, ela me contou que tinha colocado a mesa para um café com porcelana especial para mim e mimos para meu filho. Me despedacei. Pedi perdão, é claro, mas meu interior ainda se ressente.

Entre a infância e a velhice há um sopro de vida que deve ser valorizado antes que o tempo transforme promessas em arrependimento. Um instante que deve ser preenchido com saudades não consumadas, abraço aguardado, coragens necessárias, afetos declarados, gentilezas insistentes e acenos temporários.

Sempre me pergunto quanto tempo dura *uma vida inteira*. Talvez menos do que a gente gostaria, e nunca o suficiente para termos realizado tudo. Por isso torna-se primordial não adiar o essencial: café na caneca de ágata, menino na cadeira espiando a mãe fazendo bolacha de nata, sensibilidade revelada durante música antiga, amor vivido, arrependimento esquecido, saudade dizimada, mágoa dissipada, perdão concedido e, principalmente, abraço apertado em nossos pais...

Para Jarbas e Clau, com amor.

Num instante, tudo muda

Aquela manhã parecia ser o início de mais um dia comum. Eu fazia abdominais no chão da academia quando uma mensagem no meu celular trouxe a triste notícia: uma grande amiga perdera o marido. Pegamos a estrada e fui ficar ao lado dela. Porém, não havia palavras que estancassem o desamparo, nem presença que camuflasse a solidão, nem argumentos que dissipassem a dor.

No fim da tarde, quando me despedi dela, percebi que se preparava para as horas mais difíceis. Ter que encarar a vida, tal como ela é, sem uma parte de si mesma. Ter que confrontar a realidade e encontrar palavras para contar à filha de 2 anos o que acontecera. Precisar enfrentar a hora de se recolher e a aridez da ausência e da amarga imprevisibilidade da existência.

Certas coisas são inevitáveis, e a morte é uma delas. A morte nos mostra que "somos finos como papel" (como escreveu Bukowski), e que em algum momento vamos sentir desamparo, tristeza e solidão. Mas não precisamos antecipar o fim. Apenas entender que é urgente amar mais, despertar mais alegria ao nosso redor, dissipar cobranças desnecessárias e controles irrelevantes, perdoar quem nos feriu e zerar as mágoas com nossa história.

Diante da vida e de seus caminhos tortos, é comum não compreender. E é essa incompreensão que nos torna humanos. É essa incapacidade de encontrar sentido no sofrimento que nos torna semelhantes.

Todos nós somos assim. Todos atravessamos desertos e sentimos desamparo uma vez ou outra. Porém, algumas pessoas carregam fardos maiores ao ser desafiadas a enfrentar estiagens persistentes e tempestades abundantes. Minha amiga é uma delas. O marido não foi a primeira de suas perdas, e ela luta para não enrijecer. Para não deixar de lado a delicadeza e a gentileza com a vida. Para continuar inteira, ainda que lhe faltem pedaços. Tem muito a me ensinar, eu que ainda estou a engatinhar.

O sofrimento traz muitos ensinamentos, mas também leva um pouco de nossa vitalidade. É necessário cuidado para que nosso caminho permaneça florido apesar de todos os espinhos. Para que a fé em Deus e em seus propósitos não seja colocada à prova. Para que a gente não se blinde demais, mas siga acreditando que em algum momento será capaz de sorrir de novo.

Naquela tarde triste, uma música foi cantada. A letra é conhecida, e diz assim: *"Se as águas do mar da vida quiserem te afogar, segura nas mãos de Deus e vai. Não temas, segue adiante, não olhes para trás; segura nas mãos de Deus e vai".* Talvez essa música resuma tudo. Deus dá, Deus tira. Não temos controle nem compreensão, e diante do inevitável tem que permanecer a confiança. A capacidade de conseguir entregar o restante de nosso caminho a Deus, mesmo que a vida nos tenha feito em cacos.

Há momentos em que viver dói. Dói pela descoberta de nossa insignificância e impotência. Por descobrirmos, não sem uma ponta de decepção, que não controlamos nada. Por constatarmos que perdemos tempo travando batalhas diárias em busca de dinheiro, posição social, status, reconhecimento, popularidade. Por compreendermos que mais cedo ou mais tarde a vida acabará por desfazer a ilusão de que podemos prever ou controlar tudo.

Mas essa descoberta também nos faz crescer. Faz com que valorizemos o chão que pisamos e reconheçamos o que é essencial. Faz com que a gente sofra menos por coisas miúdas e não dê tanta importância à unha quebrada, à roupa que não combina ou ao crush que não liga.

Eu queria dizer a minha amiga que ela é especial. Que, de alguma forma que nosso raciocínio humano não é capaz de entender, ela precisava estar junto dessas pessoas que se despediram da vida ao lado dela.

Que somente alguém como ela conseguiria doar um pouco de paz e serenidade àqueles que tinham que partir. Que de vez em quando servimos de instrumento para a ação de Deus, e, mesmo sofrendo muito, somos convidados a abraçar a dor e transformá-la em amor.

"Somos finos como papel." Num instante, tudo muda. Não temos tanto tempo. A vida não é eterna. Nunca estamos prontos. A vida é um soluço entre o nascer e o morrer. É preciso amar mais. É preciso dizer às pessoas que as amamos. Fazer a diferença. Ser gentil. Ser generoso. Não acumular culpas. Perdoar. Valorizar. Não sofrer à toa. Perceber que não há tempo certo para ser feliz. O agora nos chama. O hoje é aqui. O tempo é curto. O tempo passa depressa, e, mais do que o tempo, *nós passamos depressa...*

Você não precisa impressionar ninguém

Dia desses acordei repetindo um trecho de uma das mais poderosas frases do psiquiatra Carl Jung, e fui procurar a frase completa na internet. Desde então, tenho me reconectado com seu sentido, tentando absorver sua essência e trazer seu ensinamento para todos os setores de minha vida. A frase é esta: "Conheça todas as teorias, domine todas as técnicas, mas, ao tocar uma alma humana, seja apenas outra alma humana".

Como eu disse, o sentido dessa frase pode ser aplicado a inúmeros setores da minha vida e da sua. Trabalhando como dentista no SUS, tenho que ter consciência de que, além de todo o conhecimento e técnica que possuo, além de toda a responsabilidade, do cumprimento de protocolos, de todo o profissionalismo e senso de dever, sou uma alma humana tocando outra alma humana. E isso tem que ser maior que qualquer regra, filosofia, teoria, intenção ou sabedoria. Naquele momento, alguém cuida de alguém, mas, acima de tudo, tem que prevalecer a igualdade e a empatia. A compreensão e a sintonia. A humildade e muita humanidade.

Porém, de vez em quando estamos do lado oposto. A nossa tendência é imaginar que o outro é bem maior que nós, mais bem-sucedido, mais feliz... só porque aparenta ter a vida mais cheia de filtros no Instagram, mais abarrotada de conhecimento e conquistas, mais repleta de afetos e possibilidades, mais adequada e notável. O que ninguém nos conta é que todos nós estamos nus. Cada um de nós tenta, dia a dia, sobreviver às próprias batalhas, encontrar sentido, vencer as próprias prisões, superar os próprios obstáculos, afugentar as dores e buscar viver o presente da melhor maneira possível. Cada um de nós tenta se vestir, camuflar ou fantasiar da melhor maneira que pode, sem imaginar que somente se despindo estará mais próximo do que é de fato, e muito mais perto de Deus.

Você tem que entender que não é necessário impressionar ninguém. Que quando tenta convencer alguém sobre sua felicidade, seus dons ou qualidades, está se afastando de quem você é de fato. Está dando asas à vaidade, ao ego, e não a sua felicidade. Aprenda a ser simples. Aprenda que nesta vida não há deuses, nem superpoderosos, nem donos da verdade, muito menos gente isenta de defeitos. E que, se alguém se apresenta dessa maneira, com arrogância, superioridade e prepotência, você não deve tentar fazer o mesmo para se igualar. Saiba que, assim como você, essa pessoa é "apenas" outra alma humana. Ao desconstruir esse mito, passamos a enxergar todos, sem exceção, como nossos semelhantes. E assim respiramos aliviados, pois descobrimos que ninguém é muita areia para o caminhão de ninguém.

Um relacionamento bem-sucedido requer mais do que beijos e declarações de amor. Requer entrega, e, ao se entregar de verdade, você se torna um pouco vulnerável também. Porque, no final das contas, você estará nu, não somente por fora, mas (e talvez essa seja a parte mais difícil) por dentro também.

Para ter um relacionamento de verdade, você precisará se despir dos medos, das inseguranças e travas internas, e assumir os riscos de ser quem é, com tudo de bom e ruim que existe por trás da sua necessidade de ser aceito e ser amado.

Se quiser construir um relacionamento sério, você terá de se despir da necessidade de comparar sua vida com a dos outros, e do constrangimento de não ter todos os seus ideais alcançados. Precisará assumir que também fica triste, que tem preguiça de ir à ginástica todos os dias, que chora em cerimônias de casamento, que não tem paciência para discutir a relação e que se sente sozinho a maior parte do tempo.

Você precisará se despir dos filtros e se despedir da necessidade de aprovação a todo custo, se quiser um relacionamento pra valer. Terá que entender que é somente uma alma humana, e como tal não carrega passaporte, diplomas ou medalhas. Será necessário que baixe a guarda, simplifique a aparência, amplie o sorriso e abra o coração. Só assim atrairá a "pessoa certa", pois, como já foi dito por alguém, "semelhante atrai semelhante". E, no final, você se sentirá recompensado, não apenas pelos beijos, pela química e pelas risadas, mas pela possibilidade de estar com alguém que conhece — e aceita — sua alma nua.

Gosto que me digam a verdade. Eu decido se ela dói ou não

Quando eu era menina, era comum uma criança ou outra da vizinhança ter um problemão pela frente. Acontecia, vez ou outra, de quebrar uma porcelana de valor afetivo dentro de casa, e éramos tentados a remendar os cacos com super-bonder, argila ou mesmo esmalte. Porém, aquilo era uma trapaça, uma forma de nos safarmos dos discursos inflamados, castigos e safanões. E, mesmo que conseguíssemos adiar o encontro com a verdade, cedo ou tarde ela vinha à tona, e, além de desastrados, seríamos repreendidos por mentir e enganar. Antes tivéssemos tido a coragem de varrer os cacos e revelar nosso descuido. O que nossos pais iriam fazer ao serem confrontados com a realidade poderia doer ou não, mas certamente nos libertaria para viver sem culpa, olhando nos olhos, livres de suposições acerca do "desgosto" que fomos capazes de provocar a nossa família.

A mentira "bonita" é muito mais devastadora que a verdade intragável. Por mais que a mentira tenha "boa intenção" — poupar alguém da realidade, proteger, resguardar —, ela causa rupturas amargas na confiança, e pode diminuir a fé que essa pessoa tem na vida, nas circunstâncias e nas pessoas.

A realidade, seja ela boa, ruim, fácil ou duríssima, é o que há. Ela é nosso fato concreto, e não pode ser mascarada com uma mentira que não reflete aquilo que temos pra hoje. Não podemos manipular a vida de ninguém, editando aquilo que ela deve ou não conhecer, deve ou não lidar, deve ou não enxergar. Não dá para poupar alguém dos fatos de sua própria existência enfeitando a realidade com omissões. Não dá pra achar que ajudamos alguém contando-lhe uma mentira.

"Gosto que me digam a verdade. Eu decido se ela dói ou não." Nem sempre a verdade nos trará alívio ou alegria, mas a vida precisa ser vivida com clareza, por mais que essa transparência traga dor. Ainda assim, é uma dor que nos localiza, nos situa, nos confronta com o amadurecimento e o aprendizado. Pois tudo está em pratos limpos, às claras, sem manipulações, hipocrisias, omissões, manipulações.

É melhor desapontar alguém com a verdade (nem sempre bonita) do que enganar com uma mentira. Se a pessoa vai sofrer ou não, isso não nos cabe decidir ou controlar. Não podemos agir como deuses, capazes de manipular e conduzir o que foi reservado para cada um. O sofrimento não é só prejudicial, ele também tem seu papel no fortalecimento dos vínculos e no crescimento pessoal. Tentar remediar o sofrimento através de uma mentira é causar uma dor ainda maior.

Sempre tive afeição por aqueles que me olham nos olhos e deixam transparecer o que vai dentro do coração. Quando há respeito, a sinceridade, por mais que doa, estreita os laços e nos ajuda a crescer. Ela nos situa, dá um chacoalhão em nossa comodidade e nos desperta para a vida. É como um estalar de dedos na nossa cara, dizendo "acorda, Alice!"; nos ensinando que é preciso arregaçar as mangas e lidar com aquilo que nos cabe: nossa vida real e nada mais.

Para proteger meu equilíbrio, é ok colocar limites. É ok bloquear. É ok ficar em paz com isso

Tem gente que não liga para água fria. Eu não tolero. Admiro quem vai à piscina e, sem a menor cerimônia, pula de uma vez naquele gelo paralisante. Por outro lado, adoro montanha-russa. Quanto mais cheia de descidas íngremes e *loopings*, melhor. Meu marido se apavora. As mãos suam, a boca seca, as pernas tremem. Pra ele, é um sofrimento. Tem gente que adora café, mas tem dor de estômago se beber muito. Outros passam mal com pimenta. Há os que tomam cerveja e ficam com dor de cabeça. E aqueles que bebem leite feito bezerro e passam bem. Tem gente que dá um boi pra não entrar numa briga, tem gente que dá uma boiada para não sair.

O que quero dizer com tudo isso é que ninguém, além de você mesmo, pode saber o que te deixa confortável ou desconfortável. Ninguém, além de você mesmo, tem condições de dizer quais são os seus limites, o que você pode tolerar, o que te faz bem, o que você digere, o que te deixa em paz.

Só você conhece seus limites. Só você sabe aquilo que te afeta, te faz mal, te irrita, exige de você mais do que o normal, te machuca, causa dor, te tira do sério, evoca péssimas lembranças, te perturba, te atinge, traz à tona uma versão sua de que você não gosta. E só você pode se proteger, se preservar, colocar os pingos nos is e saber até onde pode ir.

Tudo certo se você não ler todas as notícias. Não há problema em dizer "não" àquela solicitação. Ok não gostar de livros densos.

Problema algum em adorar séries levinhas e engraçadas. Não falar de política nem futebol? Tranquilo. Tudo certo em querer ficar sozinho e não gostar de balada. Nada errado em odiar montanha-russa. Cancelar um compromisso? Pode, sem problema. Tudo bem em não querer ficar perto de alguém que te machuca, não frequentar um lugar a que você não gosta de ir e se colocar em primeiro lugar.

Por que você continua assistindo a um programa que só tem notícias que te fazem mal? Por que continua entrando em grupos de discussões que só afrontam seu bem-estar? Qual o motivo para continuar de conversinha com aquela pessoa que brinca de ioiô com você, enquanto faz seu coração em pedacinhos? Pra que se desagradar para agradar aos outros? Qual a razão de você não conseguir dizer "não" para aquele pedido quando tudo que você queria era estar em outro lugar, fazendo outra coisa? Por que essa mania de não se proteger, não se poupar, não se resguardar?

Só é preciso uma pessoa para cuidar de você: você mesmo. Mas, para conseguir se cuidar, é preciso se conhecer. Saber até onde você consegue ir, até onde dá conta, até onde pode mergulhar. Cuidar é conhecer seus limites, proteger sua energia, blindar seu bem-estar. Cuidar é se afastar do que te perturba, te desgasta, te desequilibra.

Algumas vezes temos que colocar nossa afeição por alguém em banho-maria para que possamos nos lembrar de que merecemos mais. Algumas vezes temos que colocar o que sentimos por alguém em segundo plano para que coloquemos a nós mesmos em primeiro lugar. Quando gostar de alguém nos faz em pedaços, é hora de recuar, reconsiderar, afastar-se e até mesmo bloquear.

Para proteger minha energia, não vejo mal nenhum em silenciar grupos, não me envolver em discussões, fugir de notícias sangrentas, bloquear pessoas que interferem no meu equilíbrio e não mergulhar em águas muito geladas.

Não enxergo isso como fuga, e sim como autoconhecimento e autopreservação. Com a maturidade, tenho adquirido compreensão de minha natureza, e aprendido a reconhecer as coisas que quero ver plantadas em meu terreno. Nem tudo me serve, e essa percepção é pessoal e relativa. Por isso é sua responsabilidade reconhecer aquilo que te afeta, equilibra, motiva ou desagrada. Cabe a você descobrir o que faz bem para sua saúde física, emocional e espiritual, e só preservar o que deve prevalecer, com a coragem de se autorizar escolher o que é melhor para seu bem-estar.

Escolha ser gentil

Temos vivido tempos de discussões acaloradas nas redes sociais, nos grupos de WhatsApp e até em mesas de bar por causa de divergências políticas, sociais e religiosas. Na maioria das vezes, opto pelo silêncio e tenho preferência por outros assuntos, mais leves, mais bem-humorados ou que acrescentem algo bom a minha vida.

De repente todo mundo virou "pai e mãe" de um partido, de uma religião, de um grupo social. De uma hora para outra, vestimos a camisa de um político, de uma ideologia, e nos comportamos como defensores leais e fiéis de uma ordem. Divulgamos vídeos editados, muitas vezes repletos de informações falsas, perdemos horas à frente do celular vasculhando documentos que comprovem nossa teoria, nos impacientamos e até brigamos com quem ousa pensar diferente de nós. Amigos, colegas de trabalho, familiares e até cônjuges se separam em nome do tal "amor à causa".

Muitas vezes, aqueles que não participam das discussões e preferem se calar ou mudar de assunto são considerados "em cima do muro", omissos e sem opinião. Porém, estar calado ou preferir se abster de dar seu parecer não é sinônimo de falta de personalidade ou convicção. Algumas pessoas preferem guardar sua energia para coisas mais importantes. Ou se resguardam de desgastes desnecessários. Ou, ainda, não acreditam que "vencer" uma argumentação as tornará pessoas melhores. E, finalmente, preferem ser gentis a estarem com a razão.

Foi no livro de R.J. Palacio que deparei com uma das frases de que mais gosto atualmente: "Quando tiver que escolher entre estar certo e ser gentil, escolha ser gentil". Pois a vida já é tão complicada por si só, já são tantos sustos, perdas, falhas e desafios que enfrentamos no dia a dia que não deveria sobrar energia para embates desnecessários, com o único objetivo de provar quanto estamos certos e cheios de verdade em nossos posicionamentos. Se usássemos essa energia e esse tempo praticando a gentileza, tentando tornar o dia de alguém mais suave ou doce, guardando nossa explosão de argumentos e certezas para nós mesmos e não tentando convencer ninguém de nada, certamente teríamos um mundo melhor, bem mais fácil de habitar.

É impressionante notar como as pessoas perdem a compostura ao defender seu ponto de vista, nem sempre perfeito e verdadeiro, mas fruto de sua formação e vivência até o momento. É incrível perceber que as pessoas não entendem que aquilo que é melhor para elas nem sempre será bom para o outro, e por isso não é preciso tentar vender aquilo que escolheram para si, porque quiseram. É impressionante ver como os indivíduos deturpam os reais ensinamentos do amor, preferindo discutir, muitas vezes ofendendo ou mesmo segregando, em nome de uma "missão de cura" de alguém.

Escolher ser gentil em detrimento de ter razão não nos torna omissos. Omisso é quem é negligente, quem falta com a presença ou a palavra em momentos decisivos, quem deixa de fazer o bem podendo fazê-lo. Preferir ser gentil a estar certo é ter a capacidade de ser tolerante com as divergências, com os pontos de vista diferentes, com a diversidade de pensamento, vivências e escolhas. É conseguir colocar a doçura, o amor e a compreensão à frente da intransigência, teimosia e tirania. É acreditar que você não precisa convencer ninguém de nada, que não é necessário fazer longos discursos ou palestras acerca de seu ponto de vista, nem deixar de "seguir" alguém só porque ele pensa diferente de você.

Ao escolher ser gentil, você deixa a rigidez de lado e adquire leveza de pensamento e ação. Você dá passagem para o carro que força caminho a seu lado, cede lugar no ônibus para a adolescente impaciente, se segura para não fazer um discurso irritado com o vizinho abusado. Você chega em casa e não quer ganhar a disputa de quem teve o dia mais exaustivo ou estressante, mas entende que o mais importante é estar bem com aqueles que ama. Você descobre que não precisa dar lição de moral a ninguém, que não lhe cabe fazer justiça ou provar a todo custo suas certezas, que não precisa divulgar aos quatro ventos suas decisões políticas, religiosas ou sociais. Ao contrário, entende que mais importante que estar certo é conseguir preservar seus afetos e suas relações. Você começa a falar e agir com suavidade, tomando cuidado com a bagagem e o coração do outro. Aprende que a gentileza não é afeita a grandes gestos, mas resultado de delicadezas miúdas, muitas vezes despercebidas, que jamais serão esquecidas.

Finalmente, tenho que concordar com a escritora e grande amiga Josie Conti, que escreveu a melhor definição de gentileza que eu já li: "Gentil é aquele que passa pela vida do outro, toca-o com leveza e o marca onde ninguém mais pode ver...".

> Já sentiu raiva de si mesmo por ter um coração tão bom com quem não merece?

Acredito que a vida seja uma jornada de aprendizados. As experiências felizes se intercalam com aquelas não tão boas, mas são os infortúnios que nos lapidam e nos impulsionam a encontrar formas de estarmos em paz com o mundo e conosco mesmos. Aquele momento em que você percebe que cometeu "uma grande e inesquecível burrada" pode ser um divisor de águas.

Um dos meus maiores anseios é encontrar equilíbrio e paz. Depois da fase de buscas, inseguranças, pressa e alguma impaciência, hoje quero mesmo é a tranquilidade de meu coração. Por isso reduzi a intensidade de minhas expectativas e tenho me esforçado para não me magoar por aquilo que não posso controlar. Reciprocidade, amor, atenção, amizade e consideração são coisas que não se cobram, e por isso não se controlam. O máximo que podemos fazer é nos resguardar. Não correr o risco de nos machucar. Aprender a proteger nossa vulnerabilidade. Aprender a nos amar em primeiro lugar.

Quantas vezes não sentimos raiva de nós mesmos por termos um coração tão bom com quem não merece, e nos arrependemos de nossa bondade, docilidade e generosidade para com aqueles que simplesmente não estão nem aí? Quantas vezes não sentimos que perdemos nosso tempo alimentando relações unilaterais, tentando ser gentis, atenciosos e amorosos com quem jamais se importou? Não se trata de endurecermos nosso coração, de deixarmos de lado a doçura e a delicadeza, mas sim de aprendermos a separar o joio do trigo. De começarmos a ser mais afetuosos conosco mesmos, e com isso aprendermos a distinguir o que deve ser valorizado do que tem a obrigação de ser ignorado.

Muitas vezes a gente se engana. Erra feio. Investe tempo e atenção em alguém "especial" na certeza de que em algum momento será retribuído. Fantasiamos desfechos dignos de contos de fadas e projetamos nossas ilusões em cima de pessoas muito diferentes de nós, romantizando atitudes e acreditando em inúmeras possibilidades irreais. Quando tudo corre conforme o planejado, ótimo. Porém, com alguma vivência e algumas "quedas do cavalo", percebemos que a expectativa é prima-irmã da decepção. Mas ninguém está imune à desilusão; simplesmente porque amar, ainda que seja um risco, continua sendo o maior combustível da vida.

Não espere retribuição. Não espere reciprocidade. Não espere "pagamento" ou premiação por aquilo que você se dedicou de graça, porque quis. Faça o que quer fazer porque isso te faz bem, isso te torna uma pessoa melhor, isso acalma o seu coração ou te livra de remorsos. Porém, não crie expectativas nem espere ser reconhecido por sua bondade e generosidade. Tenha um coração bom porque isso será bom para você também, mas não porque deseja aplausos ou reconhecimento. Seja atencioso, cuidadoso e afetuoso, mas antes tome conta de si. O maior responsável por você é você mesmo, e por isso não se descuide de suas necessidades e vontades.

Esteja ciente de que você não precisa ser útil para ser amado; que quem te ama de verdade não está nem aí para sua utilidade, para sua serventia, para seu aproveitamento. E isso tem que ser o suficiente para você relaxar, deixar de ser tão exigente consigo mesmo ou almejar a perfeição. Isso tem que bastar para você respeitar seus limites e finalmente deixar para trás quem maltrata o seu coração.

Cada um sabe o que carrega na bagagem

Nós somos a soma do que falamos, do modo como agimos, da maneira como tocamos uns aos outros. Mas também somos a soma de nossas emoções, de nossos pensamentos, alegrias guardadas e angústias não declaradas.

Ninguém sabe ao certo o que vai dentro do coração do outro. Ninguém tem a mínima noção dos fantasmas que assombram, da bagagem que carrega, das alegrias e saudade que abriga, das batalhas que trava, dos silêncios que suporta, das vitórias que celebra.

Muitos, porém, se acham aptos para julgar o caminho alheio. Muita gente se considera capacitada para condenar as escolhas de terceiros.

Mas a verdade é que ninguém conhece por inteiro as batalhas que travo intimamente. Ninguém percorreu meu caminho com meus sapatos para saber onde apertam os meus calos. E, por mais que imaginem conhecer, alguns passos dessa dança são só meus; por mais que desejem ajudar, algumas pontes só eu posso atravessar.

Precisamos uns dos outros. Precisamos do olhar do outro que nos apoia silenciosamente ou nos faz recuar diante da gravidade das coisas e do mundo. Não carecemos de juízes. Não necessitamos de magistrados que decidem o modo como devemos viver ou habitar nossa própria história.

Cada um sabe o que carrega na bagagem. Cada um sabe de suas lutas íntimas e vitórias silenciosas. Cada um sabe onde seu sapato aperta, machuca, causa bolhas. Cada um sabe a hora de descalçar ou continuar. Cada um conhece seus limites, a necessidade de preservar a própria essência, a necessidade de ser coerente com seu coração. Então não é justo que alguém que nunca carregou aquela bagagem nem nunca calçou aqueles sapatos ache-se no direito de bater o martelo, intimar, condenar ou especular qualquer caminho ou escolha.

É preciso coragem para trilhar nossa história com coerência e autenticidade. Para romper com aquilo que esperam de nós em contrapartida ao que queremos de fato. É preciso valentia para optar pelo amor-próprio, pela honestidade. Para crescer e assumir nossos erros, incompletudes, abismos e asperezas do mesmo modo que nos orgulhamos de nossa doçura, leveza e capacidade de amar.

"Quando alguém julgar o seu caminho, empreste a ele os seus sapatos." Só você sabe como chegou até aqui. Só você entende as batalhas e os triunfos silenciosos que fizeram parte de seu caminho. E, por mais que estejam junto de você, algumas pessoas simplesmente não entendem. E cobram por aquilo que não conhecem; julgam por aquilo que não experimentam. Talvez devessem olhar melhor para a própria vida, e se perguntar por que se incomodam tanto. Creio que deveriam ser mais tolerantes consigo mesmas, afrouxando os cadarços de seus próprios calçados.

Já deparei com erros pequenos ou grandiosos de pessoas que eu amo. Já escutei mentiras e acreditei nelas. Já me feri com atitudes que desviavam daquilo que eu acredito mas sobrevivi.

Às vezes as pessoas optam por um caminho que irá nos ferir, mas isso tem muito mais a ver com a vida delas do que com a nossa.

Portanto, não cabe a nenhum de nós apontar o dedo. Não cabe a nenhum de nós expor o outro a nosso julgamento, muitas vezes parcial, já que somos "as vítimas". O que devemos fazer é ajudar a construir uma pessoa melhor, com amor, tolerância às diferenças, perdão e aceitação. Ninguém está livre de erros e, acima de tudo, ninguém sabe ao certo onde o sapato do outro aperta...

A gente não se esquece dos cacos de vidro que pisou, mas a cura chega quando a gente volta a caminhar sem dor

Passeando pelo Instagram, acabei deparando com uma frase de um autor desconhecido: "Perdoar não é esquecer: isso é amnésia. Perdoar é se lembrar sem se ferir e sem sofrer: isso é cura. Por isso é uma decisão, não um sentimento". E parei para pensar a respeito. O perdão é uma decisão — nem sempre simples, nem sempre fácil —, mas, ainda assim, uma decisão de seguir em frente sem mágoa ou sofrimento. Não se trata de "deixar pra lá", deletar e não pensar mais no assunto. É, sim, conseguir encarar a questão e não ter mais amargura ao confrontá-la.

Para isso, é preciso rasgar-se e então remendar-se. Escancarar todas as feridas para depois curá-las. Ousar remover todos os curativos para então ventilá-los.

Quem concede o perdão beneficia a si mesmo. Pois, ao se livrar de lembranças dolorosas, mágoas rasgadas e ressentimentos embolorados, percebe que se curou.

Ninguém esquece daquilo que o feriu, que doeu, que dilacerou. Mas a gente pode superar. Pode enxergar o que lesionou sem se machucar. Pode entender o que morreu sem se enlutar. Consegue conviver com o que restou sem se magoar. Isso é perdoar. Isso é permitir que a história siga seu curso trazendo uma lembrança que não pesa mais.

Na vida é necessário perdoar sempre. Perdoar a finitude das coisas, perdoar a pressa do tempo, perdoar as despedidas e os pontos de vista, perdoar erros bobos ou grandiosos, perdoar as ausências, perdoar a falta de jeito e a indiferença. Sem o perdão, ficamos presos a um lugar de falhas e faltas. Não seguimos em frente, não superamos, não evoluímos.

É preciso ser leve. Absolver as culpas que nos atam a um lugar que não existe mais, e livrar nossa história de ressentimentos antigos. Se sua infância foi dolorosa, se seus pais não cuidaram de você com cuidado, se você sofreu bullying na escola, se seu primeiro namorado te traiu, se seu amigo te humilhou... tudo isso passa a ser irrelevante quando você aprende a perdoar. Quando entende que a dor pelos fatos ocorridos pode ser carregada ou não. E se dá conta de que as feridas fazem parte da sua história, mas é você quem decide como quer lidar com elas.

A gente não se esquece dos cacos de vidro que pisou, mas a cura chega quando a gente volta a caminhar sem dor. A gente lembra, mas não se importa mais. Isso é perdoar. Isso é permitir que sua história siga sem te machucar.

Talvez seja hora de encarar aquilo com que não sabemos lidar e simplesmente perdoar. Vamos descobrir que não precisamos esquecer pra seguir adiante, e sim decidir que isso não tem mais o poder de nos machucar.

O perdão é uma escolha. Uma escolha de viver sem dívidas com o passado, de se desvencilhar das mágoas e dos ressentimentos e, principalmente, de viver sem dor.

A incrível geração de fotos sorridentes e travesseiros encharcados*

Houve dois casos de suicídio entre jovens de uma tradicional instituição de ensino paulistana, o Colégio Bandeirantes. A notícia das mortes, que ocorreram num intervalo de quinze dias, tomou conta das redes sociais e assustou pais e estudantes em todo o Brasil. Paralelamente, outras notícias de casos semelhantes surgiram, como a do Colégio Agostiniano São José e do Colégio Vértice.

É complicado tentar compreender essas tragédias. Por outro lado, é óbvio que vivemos tempos difíceis, em que, além da necessidade inerente à juventude de encontrar uma identidade que a faça se sentir incluída e aceita, há a corrida pelo melhor status nas redes sociais; isso leva essa geração, ainda em formação, a comparar seu dia a dia (tão modesto, real e perfeitamente normal) com a demonstração exagerada de felicidade editada e "photoshopada". Através de filtros e edições, é exigido um bem-estar irreal, inalcançável e muito plastificado.

A insatisfação com a realidade e a competitividade tem produzido uma geração frustrada e descontente consigo mesma. Antigamente, era comum se espelhar no artista de cinema e tentar reproduzir modismos, costumes e trejeitos de um modelo hollywoodiano ou global. Porém, era fácil distinguir o mundo real daquele glamorizado

---

* O título deste texto foi inspirado na frase de Ludmila Clio (com autorização da autora): *"Somos uma bela geração de fotos sorridentes e travesseiros encharcados"*.

pelo roteiro, fundo musical e figurino. Hoje, a representação do "teatro da existência" invadiu a realidade, e, se não tivermos maturidade e filtro para separar o que é fantasia do que é possível e alcançável, correremos o risco de nos cobrar objetivos inconcebíveis, que fatalmente nos levarão a uma vida de mentiras ou de sofrimento.

Viver uma vida de mentiras é não querer entrar em contato com as próprias emoções; com os medos e dúvidas que invariavelmente nos assolam num momento ou outro; com a solidão; com o tédio; com o anseio desenfreado somado à dificuldade de sermos populares, antenados, *cools* ou glamorosos. É querer parecer o que não é para impressionar quem não importa; é maquiar a realidade para ser aceito e amado; é sentir-se cobrado pela exigência da felicidade; é copiar o que não gosta para se sentir incluído; é chorar escondido por não se sentir compreendido.

Não é constrangimento nenhum ter uma vida comum, simples, pé no chão, temperada com cebola e alho num fundo de panela sem sofisticação, muito singelo. Não é vergonha nenhuma reconhecer que o cotidiano é modesto, rústico e trivial, e que o requinte não é permanente, mas nos visita de tempos em tempos, dando uma variada no nosso vestidinho de chita e nos propondo uma gravata ou um salto agulha de vez em quando.

É ilusão acreditar que a felicidade é mais constante e certa para aqueles com o *feed* de notícias mais farto de viagens, convites, *likes* ou popularidade. É engano imaginar que o carisma, a importância ou o valor de alguém podem ser medidos pelo termômetro das curtidas ou descurtidas.

Vamos nos distanciado de nossos filhos à medida que permitimos que eles acreditem que as histórias que seguem pela tela do celular ou computador têm mais veracidade ou são mais autênticas que a própria realidade que experimentam aqui, do lado de fora. Temos nos desligado de nossos filhos ao permitir que eles passem mais tempo seguindo essas histórias do que construindo a própria narrativa. Ajudamos a criar uma geração despreparada para o mundo real ao autorizarmos o fascínio por vidas editadas, em que as frustrações, tristezas e dificuldades ficam do lado de fora, o que cria uma fantasia de que ter problemas e contrariedades não é normal, e deve ser combatido a todo custo.

Ninguém é 100% bem resolvido. Em um momento ou outro, cada um de nós enfrenta suas próprias batalhas, seus próprios monstros e fantasmas. Acreditar que é possível viver sem tédio, contrariedade, aborrecimento e insatisfação produz ainda mais descontentamento, e gera indivíduos ressentidos com a realidade e incapazes de enfrentar frustrações.

Estamos diante de uma incrível "geração de fotos sorridentes e travesseiros encharcados". O que é publicado, compartilhado e divulgado nas redes sociais nem sempre condiz com a realidade, com aquilo que se carrega no coração. Por isso devemos ser cuidadosos. Não colecionar expectativas, comparações nem exigências sobre-humanas a respeito da felicidade. Não viver acreditando que nossa vida está aquém do que deveria ser só porque não conseguimos manter um estado permanente e intocável de contentamento. Não nos sentir injustiçados só porque encontramos limitações.

Temos que preparar nossos filhos para os sustos, quedas e frustrações. Ajudá-los a entender que a vida é um presente precioso, frágil e imprevisível, e que a felicidade não é um direito, e sim um modo de se relacionar com a existência. Ampará-los na dor, mas não iludi-los a ponto de eles acharem o sofrimento uma anomalia. Que eles possam entender que viver é complicado, sim, que nada cai do céu e que é preciso muita luta para se tornar realizado e feliz. Para isso, serão necessários pais e mães verdadeiros, que olhem nos olhos e não finjam. Que compartilhem suas alegrias, mas também suas dificuldades. Que mostrem os sacrifícios que fazem pela família e quanto custa um par de tênis novo. E que, assim, nossos filhos possam compreender que crescer é um processo contínuo, em que temos que aprender a conviver com as limitações, impossibilidades e imperfeições, tentando fazer o melhor que pudermos com o pouco que tivermos.

> Eu escolho me afastar de quem se sente confortável em me magoar, pedindo a Deus a valentia de me amar em primeiro lugar

Eu gostaria de acreditar que é possível aprender muita coisa nesta vida sem sofrer. Gostaria de crer que, mesmo sem conhecer as perdas, saberíamos valorizar os ganhos. Porém, infelizmente, não é assim. Muita coisa a gente só vai aprender mesmo quando a vida nos der uma rasteira. Quando nos frustrarmos, quando tivermos nossos tapetes puxados, quando nossos sonhos forem confiscados, quando sentirmos dor, quando experimentarmos o sofrimento.

Não precisava ser assim. Bastaria olhar para o lado e enxergar o que são problemas reais. Sair de nosso mundinho e ver o que algumas pessoas enfrentam, as cruzes que carregam, os padecimentos que atravessam. Bastaria haver empatia. Bastaria poupar — a nós mesmos e àqueles que convivem conosco — de nossos pequenos dramas cotidianos, de nossos ressentimentos e decepções, de nossas vingancinhas desnecessárias.

Não espere que o tempo lhe traga problemas reais para perceber que você sofreu tanto por problemas imaginários. Não espere alguém te magoar de verdade para se dar conta de que esteve colecionando pequenos ressentimentos desnecessários. Não espere a infelicidade bater na sua porta para descobrir que era feliz e não sabia.

Pare de carregar os probleminhas do dia a dia numa mala, como se eles fossem importantes. Não são. Pare de criar caso com quem não pensa igual a você, como se você pudesse controlar tudo. Você não pode. Chega de deduzir, de tirar conclusões precipitadas, de tentar decifrar o que vai no coração do outro. O que o outro sente, pensa e deseja só ele sabe. Batalhe pela felicidade em vez de ficar tentando achar bodes expiatórios para a infelicidade. Não perca o sono por quem te faz mal, e desista de reagir à altura de quem te magoa por nada e faz tempestades em copo d'água por problemas imaginários.

Eu escolho tornar a minha vida algo bom. Eu escolho as batalhas que quero travar e me demito dos pequenos desgastes que não levam a nenhum lugar. Eu escolho quem estará nas trincheiras ao meu lado, e me permito selecionar meus afetos. Eu escolho a ousadia de querer ser feliz todos os dias e insisto em deixar o sofrimento para os momentos realmente dolorosos. Eu escolho me comprometer com a coerência, com o discernimento entre o mimimi e o preocupante, com o bom senso de separar dores reais de dores imaginárias. Eu escolho me habitar com serenidade e gentileza, descobrindo que os embates desnecessários são totalmente irrelevantes e descartáveis. E, acima de tudo, eu escolho me afastar de quem se sente confortável em me magoar, pedindo a Deus a valentia de me amar em primeiro lugar.

Doze anos

Em 2012, quando comecei o blog, você era um menininho de 6 anos que dizia "A mamãe é meu remédio" e me ensinava que eu poderia fazer poesia a partir de bolhas de sabão, aviões de papel e gravetos catados do chão. Seis anos depois, nós celebramos seu 12º aniversário, e suas questões estão mais profundas, repletas de perguntas sem respostas e cheias de experiências difíceis de assimilar.

Por trás da franja lisa e comprida que recobre um dos seus olhos, sei que há um menino que se comove com o sofrimento alheio e amadurece ao perceber que a vida é mais forte do que a gente.

Este ano você viu um amigo perder o pai e uma amiga perder a mãe. Sei quanto aquilo o assustou, e percebi que, embora eu queira protegê-lo, não poderei poupá-lo do espetáculo da existência. É, filho, a vida é linda e assustadora, e algumas vezes o coração da gente vai sangrar... Assim, mesmo que eu te ofereça meu colo sem restrições, alguns momentos serão só seus, e de mais ninguém. Por isso é importante que confie em Deus. Que saiba como recorrer a Ele em todos os momentos, e que nunca perca a fé e a coragem.

Dia desses revi um vídeo cheio de significado no YouTube e fiz um pedido: que você sempre tenha seus ensinamentos em mente no decorrer da vida. O vídeo se chama *Pálido ponto azul* e é uma lição sobre humildade; uma demonstração das tolices e vaidades humanas; um alerta quanto à necessidade de nos tratarmos melhor uns aos outros. Sei que você ainda não tem maturidade para refletir sobre a profundidade das palavras de Carl Sagan, mas um dia entenderá quanto somos pequenos; quanto não significa nada lutarmos para que nosso ego encontre uma posição privilegiada; e quanto é muito mais importante preservarmos nossos afetos e cuidarmos das vidas que tocamos.

Sendo assim, desejo que você nunca se esqueça de que a Terra é "apenas" um grão de poeira suspenso em um raio de sol. E é aqui, neste minúsculo palco, que você viverá a totalidade de suas alegrias e de seus sofrimentos. É aqui, neste microscópico mundo, que você fará escolhas, decidirá os rumos de seu coração e tocará outras vidas.

Nem sempre conseguiremos viver sem magoar alguém, mas eu desejo que você assuma sua responsabilidade quando isso acontecer, e que os danos sejam os menores possíveis. Peça perdão. Repare seus erros. Tente aprender com eles. Que você não se iluda achando que é maior que alguém só porque tem um guarda-roupa bacana, ocupa tal cargo na empresa ou viaja para o exterior todo ano. Tudo isso é bom, rende muitos aplausos, diplomas e *likes* no Instagram, mas não nos faz melhores ou piores que ninguém. O que nos faz melhores, realmente, é a capacidade de termos compaixão e empatia. O empenho em sermos solidários, recíprocos e transparentes em nossas relações. A habilidade de olhar no fundo dos olhos daqueles que amamos e demonstrar as verdades de nosso coração, mesmo que isso cause dor no momento. A virtude de assumirmos nossos erros, de não nos fazermos de vítimas, de não nos acovardarmos diante de nossas próprias fraquezas. E, finalmente, o respeito por todos, nunca nos esquecendo de que estamos juntos no mesmo barco, que fazemos parte de uma totalidade, e que, ainda que nos imaginemos como gigantes, somos apenas pequenos grãos de poeira num vasto universo comandado por Deus.

Mulheres não gostam de água pela canela

Algumas histórias ficam sem explicação. Alguns enredos chegam ao fim apresentando mais perguntas que respostas. Certos desfechos deixam vazios que nunca poderão ser preenchidos.

Se uma história foi importante, se em algum momento houve a intenção de que não acabasse nunca, se existiam planos e sonhos em comum, se havia amor e principalmente alegria, o mínimo que esperamos é que nossa falta seja sentida e sofrida.

Na prática não funciona assim. Nem sempre a nossa falta será sentida como gostaríamos. Nem sempre seremos o gatilho pra uma noite de nostalgia regada a álcool e lembranças, nem saudade, nem dor pela vida que não se concretizou.

Nunca saberemos a real medida do abandono de um coração que já foi nosso e não é mais. Nunca saberemos se nossa falta foi realmente sentida, lamentada, vivida e doída. Em tempo algum teremos a exata noção do quanto fomos importantes e do quanto deixamos de ser. Jamais conheceremos os pensamentos traiçoeiros, as lembranças fora de hora e os arrependimentos secretos daqueles que sentem nossa falta.

Há quem diga que homens têm aquele botão "liga/desliga", e por isso estariam menos propensos a sofrer pelo fim de uma relação importante. Contudo, gosto de acreditar que lidamos de formas diferentes com a dor. Que, felizmente, nós, mulheres, podemos contar com uma rede de solidariedade feminina — a tal da sororidade —, que nos ajuda a processar o luto pelo fim de uma relação importante através de conversas, desabafos, taças de vinho, abraços, empatia e algum choro. Os homens, por seu lado, com algumas exceções, teriam mais dificuldade em exteriorizar o sofrimento, e talvez por isso disfarcem melhor quanto estão quebrados por dentro.

Porém, como na letra de Chico Buarque, desejamos ser os primeiros a superar o fim de uma relação importante — "Olhos nos olhos, quero ver o que você faz ao sentir que sem você eu passo bem demais" —, e nos ressentimos da facilidade com que algumas pessoas se refazem rapidamente após o rompimento conosco.

Mulheres não gostam de água pela canela. Nós mergulhamos fundo na busca de explicações, argumentos e justificativas que validem o fim de uma relação. Ventilamos os sentimentos, arejamos a dor, expomos as lembranças... enquanto eles, na maioria das vezes, trancam as histórias e dores no fundo de uma gaveta e escondem de si mesmos as chaves.

Mas ninguém sabe o que vai dentro do coração do outro. E se a aparente "virada de página" representa uma genuína superação ou uma fuga. Ou se o tempo não será capaz de um dia trazer de volta aquilo que não foi realmente superado, e sim sufocado.

Tenho muita sorte de ter amigas que estiveram comigo nos momentos em que vivi o luto de uma relação. Elas me ajudaram a me curar, a me reerguer, a reencontrar o caminho para meu amor-próprio. Minha mãe foi uma dessas mulheres. Ela me pegou no colo, enxugou minhas lágrimas e me ouviu com amor. Orou comigo, me trouxe uma flor e me lembrou do quanto sou especial. Hoje sigo tentando ser essa mãe amiga também. Procuro ensinar ao meu filho que, embora ele seja homem, não precisa ter vergonha de chorar, de exteriorizar o que sente, de demonstrar afeto e compaixão.

Está provado cientificamente que o fato de formarmos uma rede de solidariedade e amor, em que podemos exteriorizar nossos sentimentos e emoções umas com as outras, faz com que nós, mulheres, sejamos mais resistentes a doenças e aumenta nossa expectativa de vida. Falar liberta, alivia, regenera. Traz entendimento, consolo, recuperação. Aproxima, reconforta, cura.

Não é que homens superem mais rápido. Talvez eles externem menos a dor. Isso talvez não seja unanimidade, mas tem razão de ser. Todos, cada um a sua maneira, tentam resolver seus traumas, frustrações e decepções. Ninguém está imune a amar, e, amando, se sentir vulnerável, frágil, oprimido. A boa notícia é que passa. Passa e leva embora nossos fantasmas, nossos pontos de interrogação e, acima de tudo, nossas mágoas.

A verdadeira amizade modifica a nossa história

Certa vez li uma crônica que dizia que para sempre teremos nossos 16 anos. Nossos 21. Nossos 25 e todos os outros números que contabilizamos a cada aniversário. Os anos que vivemos, que, somados, nos transformam no que somos hoje.

Pois no feriado de Tiradentes deixei vir à tona meus 17 anos. Nos três dias de encontro de turma, revivi meus 18, 19, 20 e 21 anos. Ao lado de meu marido e meu filho, abracei aqueles que me ajudaram a construir a pessoa que sou hoje e extravasei minha melhor versão.

A amizade nos faz acreditar que ainda estão em curso nossas primeiras experiências e sensações. É ela que diz que, mesmo que o tempo cronológico tenha passado, uma parte de nós ainda vive as emoções, brincadeiras, rubores e afeições daquele período que chamamos "ontem".

Sentados em círculo, revimos fotos e ouvimos histórias de um tempo que foi um divisor de águas para o restante de nossa vida. Pois naqueles quatro anos tão intensos ficou evidente que, mais do que aprender uma profissão, aprendemos a viver; a nos relacionar uns com os outros; a administrar uma casa longe de nossos pais; a iniciar e romper um namoro; a nos divertir com responsabilidade; e nos apoiar como irmãos.

Na noite de sábado, uma missa celebrada por um amigo que se tornou padre nos aproximou ainda mais. Ele lembrou alguns colegas ausentes e falou sobre o sofrimento. Nó nos comovemos recordando os altos e baixos de cada um, sem exceção. Éramos amigos nos reencontrando após mais de 20 anos, e isso bastava para entender que, mesmo que a vida tenha deixado cicatrizes, não houve perdas, só ganhos.

A verdadeira amizade modifica nossa história. Nos desperta pra vida, dá um chacoalhão em nosso comodismo e nos faz prestar atenção ao que é essencial. Ela nos diz que esta vida vai passar rápido, e que é preciso não perder o sono pelas insignificâncias e frivolidades. De vez em quando nos dá asas, outras vezes nos dá chão. Ela nos livra de nossas autodepreciações, culpas, submissões; nos ajuda a amadurecer, a desatar os nós, a descalçar os sapatos e suportar os vazios.

A amizade nos faz entender que todos têm uma história, que não é só a sua que é importante, que ninguém está aqui para fazer figuração na sua vida. Ela nos mostra que de vez em quando somos os protagonistas, e em outros momentos assumimos o papel de coadjuvantes, e que isso é fascinante também.

Com a idade e algumas vivências, a gente fica mais sentimental. Assim, dei para me emocionar a cada reencontro, sentindo o abraço forte daqueles que viajaram 10 horas seguidas, ou o esforço de quem recebeu alta do hospital para poder estar entre nós. Nem todos entendem isso. Nem todos criam vínculos ou cuidam das memórias. Me sinto privilegiada. Sortuda por perceber que o tempo não passou e os amigos não se despediram. Eles permanecem e resistem, mês a mês, ano a ano, vivos dentro de mim...

Então, você vai ser mãe*

Então, você fez o teste de farmácia, o exame de sangue, o ultrassom, e descobriu que está grávida. Seu corpo mudou, você passou a se alimentar melhor, está bebendo mais de 3 litros de água por dia e evita ultrapassar os carros pela direita. Passou a seguir blogs de maternidade, reformou o antigo escritório para ser o quarto do bebê e fez a mala da maternidade. Programou-se para amamentar de três em três horas, comprou um *sling* para carregar o bebê para qualquer canto e tem certeza de que, com o exemplo do pessoal de casa, seu filho vai gostar de ler e não dará trabalho para comer beterraba.

Eu gostaria de acreditar que tudo aquilo que sonhamos correrá exatamente como planejamos. Gostaria de pensar que há uma porção de regras que garantirão que nada sairá dos trilhos. Porém, a vida não funciona assim. E, na maioria das vezes, o que ela quer de nós é evolução, é mudança. E não há algo maior neste mundo, algo que nos transforme tanto, do que ter um filho.

Ter um filho nos arremessa para bem longe da zona de conforto, da comodidade e do conformismo; nos faz buscar respostas, decifrar mapas e pegadas na areia, ter soluções para o mistério das nuvens de algodão e do arco-íris refletido nas bolhas de sabão. Faz com que nos

---

* O título deste texto foi inspirado no título "Então, você vai ser pai", de Marcos Piangers.

tornemos heróis da noite para o dia e tenhamos olhos de simplicidade e poesia. Ter um filho é andar de mãos dadas com uma pessoinha que te vê maior que o mundo, é sentir os dedos melados de açúcar e saliva, é aprender a ser paciente com o suco esparramado no vestido na hora de sair e com as pausas para catar gravetos no caminho para o dentista.

Então, você vai ser mãe, e eu gostaria que você soubesse que, mesmo planejando, organizando, arquitetando e estudando tudo nos mínimos detalhes, ainda assim você vai se surpreender. Ainda assim você ficará perdida em alguns momentos e não encontrará as respostas em nenhum livro, site, palpite ou bula. Seu filho vai exigir que você encontre as respostas dentro de si. Ele te fará entender que é um caso único entre infinitos, e que, de um jeito novo, surpreendente e improvável, contrariando todas as previsões e estatísticas, você dará conta.

Você perceberá que deu conta quando a casa silenciar e você for cobri-lo na penumbra do quarto, e sentada na beira da cama desejar que o tempo congele. Você perceberá que deu conta quando ele tiver onze anos, e no intervalo das lições de ciências ouvir ele dizer um "eu te amo" gratuito, sincero e espontâneo. Você perceberá que deu conta quando notar o olhar aflito de seu pequeno te procurando na plateia da apresentação da escola, e então ser notada e presenteada com olhinhos brilhantes de alívio e amor. Você perceberá que deu conta quando, tarde da noite, o telefone tocar e ele te pedir conselhos para cuidar do próprio filho, pois você foi "a melhor mãe do mundo".

Então, você vai ser mãe, e eu desejo que você possa viver essa experiência intensamente. Que sua casa seja invadida por aviões de papel, alguns rabiscos nas paredes e manchas de Nescau no sofá. Que você passe mais tempo construindo cabanas de cobertor e barcos de sucata do que aspirando o carpete, e não desperdice o tempo que vocês têm juntos com excesso de trabalho e preocupações com o futuro. Lembre-se de que a infância é um sopro, e num instante você terá todo o tempo do mundo só para si, e muita saudade da cama compartilhada depois de um pesadelo, do abraço envergonhado perto da escola, das marcas na parede evidenciando o aumento de estatura, dos verbos conjugados arduamente, da primeira visita da fada do dente.

Eu pensei que tinha planejado tudo. Pensei que poderia ser apenas o tipo de mãe amorosa que conta histórias, cuida, brinca e reza para dormir. Mas meu filho veio me tirar da zona de conforto. Eu me habituara a ser o tipo de pessoa carinhosa que conquista tudo com seu afeto. Mas ele não queria só isso. Ele queria se sentir seguro. E só se sentiria seguro se eu fosse uma mãe posicionada, firme, enérgica e confiante. Ele queria limites. E que eu demonstrasse meu amor por meio dos limites. Ele me transformou. Me tornou uma pessoa mais determinada e cheia de fé em si mesma, muito diferente do que eu era. Hoje sei que nada te prepara para ter um filho. Nada te prepara para ser confrontada por um serzinho que vai te tornar mais forte, firme, imbatível e, com sorte, uma pessoa melhor.

Então, você vai ser mãe, e eu torço para que saiba aproveitar esse momento com alegria. Para que respire vapores do momento presente e não lamente o "trabalho" que as crianças dão. As noites em claro, as viroses e as birras não vão durar para sempre, e, se você tiver doado seu tempo com alegria, interesse e presença verdadeira, terá conseguido desempenhar sua missão com louvor. E talvez um dia, depois de cumprir o ritual dos pijamas e escovas de dentes, você vai respirar fundo e pensar, com antecipada nostalgia, que aquele é um momento mágico; um momento que justifica e valida a vida, um momento que será revisitado e lembrado para sempre...

É preciso perdoar nossos pais

Há um texto de Martha Medeiros, de que gosto muito, intitulado "Meu herói, meu bandido", que diz que, quando crescemos, encaramos uma duríssima travessia, chamada de "cair na real". É quando começamos a enxergar nosso pai, antes gigante, do nosso tamanho. Com a maturidade, as proporções ganham sentido e clareza. E descobrimos que ninguém é herói, ninguém é bandido. Ele é um homem, e, com a percepção correta, passamos a visualizar sua humanidade.

Esse texto me faz lembrar o final da letra de *Pais e filhos*, em que Renato Russo canta lindamente: "Você culpa seus pais por tudo, isso é absurdo; são crianças como você, o que você vai ser quando você crescer".

Por muito tempo eu não compreendi meu pai. Durante boa parte de nossa convivência diária, eu o enxerguei diferente do que ele realmente era. Desperdicei muitos momentos tendo medo de suas reações, assustada com suas inconstâncias, ansiosa perante seu silêncio, receosa de estar incomodando, apavorada com a possibilidade de provocar nele uma resposta ríspida ou passional.

Demorei muito para amadurecer e começar a enxergar em meu pai sua humanidade. Para começar a entender que ele não era diferente de mim, e carregava dentro de si os mesmos sentimentos de inadequação, insegurança, bondade, tristeza, felicidade, raiva e amor que eu mesma carregava. Ele não era herói nem bandido, como disse Martha Medeiros, mas um homem tentando ser pai, além das outras inúmeras funções que acumulava.

Meu pai nem sempre acertava, nem sempre falhava, mas talvez meu olhar sobre ele tivesse um peso e uma cobrança maiores que o comum.

Antes de cairmos na real, idealizamos muito. Projetamos aquilo que acreditamos ser o ideal e desejamos silenciosamente que os objetos de nosso afeto cumpram o combinado. Quando não cumprem, nos frustramos, nos fechamos, nos afastamos. Como a letra de Renato Russo, começamos a culpar nossos pais por tudo. Ainda bem que crescemos. E, com a cabeça no lugar, começamos a perceber que, independentemente de eles terem acertado ou falhado, já passou. Daqui pra frente, cabe a nós fazer o melhor que pudermos por nós mesmos.

O tempo voa. Num dia somos filhos, no outro somos pais. De repente tudo se funde, e nos surpreendemos entendendo nossos velhos. Compreendendo os gestos de preocupação, limite e até descontrole. Repetindo as exigências, regras e imposições. Percebendo que eles eram meninos como nós, e se esforçavam para serem provedores de afeto e segurança mesmo quando eram assolados por medos e insatisfações. Vamos descobrindo que nem tudo foi perfeito, mas começamos a perdoar.

É preciso perdoar nossos pais. É preciso cair na real e entender que, ao idealizar a paternidade e o amor de um pai, acabamos buscando objetivos inatingíveis. Temos de amadurecer a ponto de compreender que os traumas familiares não começaram conosco, e que, se algo nos incomodou muito como filho, cabe a nós perdoar nossos pais para que a história não se repita nem se perpetue nas gerações vindouras.

Crescer talvez seja o momento em que passamos a acomodar nossos anseios e exigências sob um teto de realidade e possibilidade. Vamos descobrindo que haverá dias em que as coisas não serão como desejamos; elas serão como são, e tudo bem. Diminuindo as expectativas e aumentando a capacidade de perdoar, aprendemos que a vida é mesmo limitada, e está tudo certo também. Somos imperfeitos, as pessoas que amamos falham, nem sempre nossas expectativas são correspondidas. E, depois de cair, a gente tem que se levantar, mesmo que não haja ninguém para nos ajudar.

Meu pai chorou feito menino na minha formatura. Eu tinha 21 anos, e por isso me surpreendi. Hoje, mais amadurecida e enxergando nele sua humanidade, vejo que sua emoção era genuína e repleta de significados. Pois, por trás da aparente fragilidade, ele me mostrava que minha formatura o aproximava da formatura e da juventude dele. Imagino que naquele instante os dois momentos se fundiram, e meu pai reviveu, através de mim, sua própria história. Suponho que o mesmo ocorrerá comigo quando meu filho se formar ou se casar. Somos todos linhas do mesmo novelo, e reconhecer que carregamos um legado tanto de falhas e imperfeições quanto de amor e coragem nos ajuda a ventilar as feridas e aceitar a fragilidade e limitação das coisas e das pessoas.

Não há saudade maior que saudade de mãe

Uma das lembranças mais doces de minha infância é a voz de minha mãe, no átrio da igrejinha que frequentávamos, animando as crianças da catequese com suas canções habituais. Ela era a coordenadora das catequistas, e, embora eu me ressentisse da estreita possibilidade de tê-la só para mim, me orgulhava de vê-la tão dinâmica, alegre e confiante.

Os anos se passaram, e nos mudamos de paróquia, de cidade, de vida. Cresci, amadureci, me despedi. Porém, de vez em quando, ouço a melodia conhecida e volto a enxergar minha mãe, no auge de seus 30 e poucos anos, gesticulando e pedindo para que se cantasse com mais entusiasmo. De vez em quando antecipo a saudade que um dia vou ter e me comovo ao recordar a mulher independente, segura e muito amorosa que ela ainda é.

A maior saudade que vamos sentir na vida é saudade de mãe. Pois a vida tem caminhos incompreensíveis, e tudo se ajeita num colo materno. Numa palavra doce ou mesmo numa bronca amarga feito café sem açúcar. Mas, ainda assim, numa certeza de que logo tudo ficará bem.

Ter saudade de nossa mãe é ter saudade de nós mesmos. Porque mãe é lembrete. Mãe nos ensina que, mesmo que a vida caminhe, que a gente adquira experiências boas ou ruins, que a gente endureça com os tombos e fissuras, ainda assim sempre existirá um recanto dentro de nós a nos lembrar que a existência não tem de ser dura para nos ensinar algo; que amor e tolerância também são jeitos eficazes de crescermos e aprendermos.

Mãe é a voz que não sai de dentro da gente mesmo que a gente tenha acumulado tempo de sobra, dinheiro no banco e muita especialização. Pois por trás de cada gabinete com ar-condicionado e nó na gravata há uma mulher que já deu broncas, mandou que raspasse o prato e lembrou de levar o casaco.

Mãe é parceira das horas certas e nas incertas. É ombro nos arrependimentos e bronca construtiva nas escolhas malfeitas. Mãe é censura e também ternura, cheiro de afeto e lembrete de "engole o choro", intuição abundante e prece incessante.

Ao nos recordar de nossa mãe, nós nos lembramos de quem fomos. Porque a construção e lapidação de nossa existência se confundem com antigos sons chamando no portão, aquele perfume conhecido borrifado nos pulsos, lembrança de arrumar a cama e tirar os pés do sofá, assobio afinado, vestido lavado e delicadeza em forma de cuidado.

Não há saudade maior que saudade de mãe. Pois mãe muda de casa, mas não sai de dentro da gente. Muda de estado, mas não se desliga. Percebe que o filho cresceu, mas não desiste. Mãe carimba passaporte, mas não sai de perto.

O tempo em que minha mãe cantava na catequese ficou lá atrás, junto com meus 8 anos e muitas recordações. Hoje, depois de tanto chão e muitos acertos e desacertos, separações e recomeços, perdas e ganhos, ela nos emociona cantando no coral do Círculo Militar da cidade que escolheu para morar. Antecipo a saudade que vou sentir absorvendo cada acorde do momento presente e tentando repetir com meu filho a construção de lembranças, tal qual ela fez comigo e com meus irmãos. Sei que ela será minha maior saudade, a falta que vou sentir diariamente, e por isso insisto em sentir-me grata e amparada por sua voz suave, seu abraço apertado, seu cheiro doce e seu beijo terno.

Hoje eu gostaria de oferecer a ela uma música da minha infância. Está tudo tão distante, mas o refrão ainda ecoa em meus ouvidos. Vem, me dá sua mão. Chega aqui perto e me deixa cantar baixinho: "Se eu pudesse, eu queria outra vez, mamãe, começar tudo, tudo de novo...".

No fundo, o que as mães querem é uma coisa só: que seus filhos sejam felizes

Uma vez eu li uma antiga bênção mexicana que dizia assim: "Eu liberto meus pais do sentimento de que já falharam comigo"; e pensei nas inúmeras vezes que julguei as pequenas "faltas" de minha mãe, mesmo quando o erro não era dela. Por ter necessidade de achar um bode expiatório para minhas dificuldades, traumas e aflições, o caminho mais simples e seguro sempre foi acusar a pessoa que mais fácil me perdoaria: minha mãe.

Hoje quero libertar minha mãe do sentimento de que já falhou comigo. Quero que ela saiba que, mesmo que eu discorde de algumas atitudes tomadas no passado, sei que ela fez o que julgou que seria melhor para mim no momento. Que ela se sinta leve, sem arrependimentos ou culpas, e que perceba quanto serviu de pilar e exemplo para nossa casa. Quero que minha mãe entenda que se ouviu inúmeras vezes que a culpa era dela, mesmo quando fazia de tudo para o barco não afundar, foi porque a imaginávamos forte e doce demais para falhar. Desejo que saiba quanto sou grata e quanto compreendo os caminhos, algumas vezes tortos, que trilhou para que fôssemos felizes.

"Diga-me quem você mais perdoou na vida, e eu então saberei dizer quem você mais amou." Não concordo inteiramente com essa frase quando se trata de relacionamentos amorosos, pois há muita confusão por aí. Porém, em se tratando de coração de mãe, ela ganha sentido e autenticidade. Pois, de uma forma geral, aprendemos desde cedo que é ali, naquele colo de cheiro conhecido, que encontramos abrigo, afeição e, de uma maneira que não podemos imaginar, perdão.

Mãe falha tentando fazer o melhor. Falha pela ausência, tentando passar um exemplo de independência. Falha pela presença, tentando ser apoio e companhia. Falha privando e frustrando; falha mimando e cuidando. Falha virando uma leoa em defesa de seus filhotes; falha tentando ser sensata e imparcial. Falha fazendo drama; falha acobertando os erros. Mãe falha sofrendo no lugar da gente; falha ignorando os sinais. Falha suportando tudo; falha rodando a baiana e colocando os pingos nos is. Porém, o que mãe não faz, é desistir. Mesmo falhando, ela está ali, tentando. Mesmo errando, estará sempre nos abençoando.

Mãe jamais cruza os braços. Mesmo que finja ignorar, no fundo de sua alma ela ora a Deus por nossos caminhos. Mesmo saindo de perto, ela não nos abandona. Ainda que não concordando conosco, ela continuará leal a quem somos de fato. Pois só ela nos conhece de verdade, sem as máscaras que adquirimos com o tempo. Só ela sabe dos nossos medos mais primitivos, e pode explicar a origem daquela angústia ou dificuldade.

Crescemos, adquirimos novos hábitos e costumes, e constatamos que nem tudo foi perfeito na casa onde nascemos. Ficamos críticos, passamos a discordar da educação que tivemos e tentamos agir de outro modo com nossos filhos. No entanto, também passamos a repetir aquilo que foi bom. Sem querer, nos flagramos repetindo falas e trejeitos de nossos pais, repetindo brincadeiras, receitas e passeios, tentando eternizar tradições.

Hoje peço a Deus que me ajude a perpetuar o grande amor de minha mãe por seus filhos. Que, ao entrar em casa, eu esqueça o peso do meu dia e possa ser leve e presente na companhia de meu filho. Que eu possa inspirá-lo a ser bom, forte e paciente, mas, acima de tudo, que ele entenda meu desejo de que seja mais amoroso consigo mesmo. Que eu nunca deixe de dobrar meus joelhos e pedir proteção para ele, entendendo que só Deus pode ir aos lugares que eu não alcanço. Que eu consiga acertar mais que errar, mas que ele perdoe minhas falhas e faltas, entendendo que fui aprendiz também, e sempre desejei o seu bem. Que minha própria mãe se faça presente em alguns de meus pensamentos e gestos, me ajudando a reproduzir e aperfeiçoar o amor. E que, ao entregar meu filho para o mundo, eu possa confiar no tempo que passamos juntos e acreditar, com satisfação, que ele estará seguro e em paz. Mas um dia, ao ver meu filho voltar, espero enxergar em seus olhos o brilho de quem encontrou seu caminho, ou pelo menos está tentando. Pois no fundo o que as mães querem é uma coisa só: que seus filhos sejam felizes...

A memória é uma presença viva

Algumas vezes nos tornamos novamente meninos diante das travessuras da vida.

Crescemos, constituímos família, amamos, acreditamos, nos decepcionamos, perdoamos, desistimos e recomeçamos, mas algo dentro de nós permanece atado à mesa onde comíamos junto com nossos pais e à terra onde semeamos nossos primeiros afetos.

Trazemos conosco vestígios daquela configuração inicial, época em que supúnhamos que o mundo cabia dentro de nossa casa, e que a vida fazia sentido nas explicações dadas sob a luz do abajur antes de dormir. Tempo de possibilidades infinitas e deslumbramentos diante das certezas de nossos velhos.

A memória é uma presença viva, e hoje tentamos recriar momentos que apaziguem a solidão e tragam de volta o grito da mãe chamando para o jantar e a alegria silenciosa de perceber que pouco a pouco atingíamos a estatura do pai.

De todas as lembranças que a casa de meus pais me trouxe, talvez a maior delas seja o dia em que, pela primeira vez, vi meu pai chorar. Quem viveu isso na infância sabe que nesse encontro de lágrimas e assombro está o que valida e justifica nossa humanidade, a descoberta de que, apesar da distância proporcionada pelo respeito, hierarquia e subordinação, somos todos meninos sensibilizados pela vida e seus mistérios. Quando um pai chora diante de um filho, duas eternidades se encontram e se misturam, e naquele instante de preciosa intimidade os papéis se invertem e se complementam.

De meu pai herdei a cor da pele e a timidez introspectiva. Talvez também esteja repetindo o gosto pela música, leitura e fotografia — amuletos que estimulam nossa sensibilidade e permitem que aflore nossa emoção contida. Esse é meu jeito de amar meu pai e me sentir amada por ele. Tenho descoberto que o afeto tem caminhos tortuosos, e engloba palavras não ditas e gestos não declarados.

Sinto afeição por um tempo que se extinguiu materialmente, mas resiste na memória afetiva. Como nos versos do escritor português José Luís Peixoto: "Na hora de pôr a mesa, éramos cinco". Lá em casa éramos meu pai, minha mãe, eu e meus dois irmãos. Não sei se tivemos a chance de perceber que vivíamos momentos preciosos, que seriam revisitados anos mais tarde com saudosismo e ternura, nos lembrando que, ainda que as escolhas tenham nos dividido e separado, ainda que os sonhos tenham se dissipado e o tempo tenha tornado tudo vago e nebuloso, ainda assim, em algum lugar na memória, somos os cinco. Os cinco que um dia se sentaram à mesma mesa e dividiram o mesmo pão. E até mesmo as advertências rotineiras — "Coma soja!", "Não coloque sal na salada!", "Senta direito!" — ajudaram a construir a noção de que houve uma época em que fomos realmente felizes.

Meus irmãos agora são pais. Luiz, meu marido, é o pai de Bernardo, meu filho. Em volta de cada mesa, uma história se constrói e será o alicerce das vivências futuras de meu filho e meus sobrinhos.

Desejo que esses pais consigam avaliar a dimensão da sorte que têm. Que consigam identificar os momentos preciosos que vivem e não desperdicem esses instantes com pressa, distrações ou discussões inúteis. Que reconheçam a eternidade nas queixas do menino que não quer raspar o prato e na aflição da menina que derruba feijão na toalha. Tenham eles lucidez para não substituir as boas conversas em torno da mesa pelas notícias da tevê ou mensagens do WhatsApp. Desejo a eles que se deem as mãos e orem juntos antes de cada refeição, agradecendo o alimento que será servido e o momento que será revisitado muitas vezes no futuro, em noites de solidão e saudade. Que não se atrasem para a infância dos filhos, para o momento fugaz em que eles ainda precisam de nós, para o instante raro em que ainda podemos ser amparo e refúgio na vida deles. Espero que construam boas lembranças para seus meninos, para que, quando chegar a vez deles, também saibam ficar atentos à felicidade e repitam o gesto construindo memórias ao redor da mesa; que não se ausentem da vida de seus filhos, descobrindo, tarde demais, que a mesa ficou vazia e não restaram vínculos nem promessas, porque não foram plantados nem cultivados. Mas que, ao contrário, haja sensibilidade para priorizar esses encontros e sabedoria para viver esse interlúdio com doçura e devoção.

A gente sempre acha que terá tempo de sobra

Recentemente recebi um texto lindo por WhatsApp intitulado "Vá aos encontros felizes". Nele, a autora, Mônica Moro Harger, fazia uma bela reflexão acerca da necessidade de irmos ao encontro daqueles que amamos, aproveitando as boas oportunidades de nos reunirmos na alegria, e não somente nos momentos tristes. Como ela ressalta, "nos encontros tristes você irá. Quando alguém morre, todos vão. Por protocolo, por obrigação ou por amor (e dor) ... Mas é bom que seja assim também, e, principalmente, nos momentos felizes".

O texto de Mônica é perfeito, singular, redondo. Não quero aqui acrescentar nada ao que ela já disse, pois seria desnecessário. A narrativa — curta, certeira e muito bonita — é um alerta àqueles que acham que têm tempo de sobra, tempo demais para brindar à vida junto daqueles que amam, ou simplesmente abraçar as pessoas que lhes são caras. Infelizmente, a verdade é que nunca há tempo suficiente.

Tive um namorado "muito confiante" que dizia que teríamos o resto da vida juntos, e por isso priorizava os amigos à nossa relação. Certamente era uma desculpa dele, mas o fato é que escolhemos aquilo que queremos priorizar, e muitas vezes deixamos para depois pessoas e momentos importantes que nunca mais voltarão. Meu namoro não durou, é claro, mas o fato de ele achar que teríamos tempo de sobra no futuro fez com que o presente fosse deixado de lado, e isso contribuiu para nosso rompimento.

Como eu disse, nós escolhemos nossas prioridades. Escolhemos colocar trabalho à frente de família, rede social à frente de amigos verdadeiros, sofá à frente de oportunidades de brindar à vida. Nós nos acomodamos em nossas desculpas e nossos argumentos vagos, não percebemos que nem tudo estará ao nosso alcance por muito tempo. Os filhos crescem, as pessoas se despedem, os amigos vão embora, as oportunidades de abraçar aqueles que amamos se esgotam.

No primeiro fim de semana de agosto terei meu anual encontro de turma. Lá se vão 22 anos de formados, e me reabasteço a cada reunião. Sinto orgulho dos colegas que viajam centenas de quilômetros para estar conosco. Alguns vêm de avião, outros, acompanhados de seus filhos pequenos, cortam estados inteiros na estrada para passarmos dois dias juntos. No ano passado, um de nossos grandes amigos saiu do hospital, depois de um infarto, direto para o encontro! No olhar de cada um, enxergo a resolução de que nossas reuniões sejam prioridade. Apesar do cansaço, dos afazeres, da vida corrida e da falta de grana, uma vez por ano reservamos um fim de semana para estarmos juntos. Uma vez por ano, abrimos mão de tudo que poderíamos estar fazendo e declaramos que o mais importante é rever nossa velha família e voltar a ser quem éramos aos 20 anos.

A doutora Ana Cláudia Quintana Arantes, médica especialista em cuidados paliativos, cita que entre os cinco maiores arrependimentos das pessoas antes de morrer estão "Eu gostaria de não ter trabalhado tanto" — ela conta que ouviu isso de todos os pacientes homens com quem trabalhou; eles sentiam falta de ter aproveitado mais a juventude dos filhos e a companhia de suas parceiras — e "Eu gostaria de ter ficado em contato com meus amigos". Segundo Ana Cláudia, "vários tiveram muitos arrependimentos profundos por não terem dedicado tempo e esforço às amizades. Todo mundo sente falta dos amigos quando está morrendo".

Assim, acredito que quando você diz que "não tem tempo" para algo, na verdade você está dizendo que não escolhe aquilo como prioridade. Simples assim.

"Falta de tempo" já virou desculpa para quase tudo: desinteresse, desimportância, descaso, desapego. As pessoas reservam vagas na agenda para aquilo que acham que merece atenção, envolvimento, empenho. Nem sempre fazem escolhas acertadas, e um dia, tarde demais, podem perceber que privilegiaram coisas supérfluas às coisas importantes.

A gente sempre acha que terá tempo de sobra, mas a verdade é que ninguém tem. De uma hora para outra percebemos que o correr da vida nos engole por completo, e por isso é urgente não adiar nem tardar o perdão, as manifestações de afeto, a nossa presença plena e integral junto àqueles que amamos.

No dicionário, priorizar é definido como "privilegiar", "garantir vantagem". Que você privilegie as coisas certas, eternas, valiosas. Que dê vantagem àquilo que realmente é importante, que não pode ser ignorado, que é relevante demais para ser considerado segunda opção. Que nunca se engane com a ordem das coisas, e coloque em primeiro lugar o que se torna primordial hoje, e nunca, jamais, poderá ser resgatado depois.

Pois depois... Depois a casa fica vazia, as marcas na parede denunciando o crescimento do menino se apagam, as músicas do velho amor são substituídas por uma batida barulhenta nova. Depois a porcelana quebra, a prata escurece e os guardanapos de uma noite feliz voltam para a gaveta. Depois os quintais perdem o encanto, os porta retratos empoeiram e a certeza de que a visita do tempo é implacável se consolida.

Então, não deixe para depois o que merece ser reverenciado, amado, vivido. Não adie as mãos dadas, o beijo de boa-noite, a conversa de boteco, a receita de família enchendo a cozinha de vapores. Não recuse a bola no quintal, a oração na cama dos pequenos, o ritual de enxugar a louça enquanto sua mãe lava. Troque o sofá pelos "encontros felizes" e nunca se esqueça de que a contabilidade que de fato importa é baseada nas experiências vividas, nos laços criados e nas prioridades assumidas.

É preciso ultrapassar a barreira da aparência se quisermos conhecer a essência

Com o tempo a gente aprende que o valor de uma pessoa está muito além das camadas de roupas que ela usa ou dos quilos de maquiagem de que abusa. Que não é possível medir sua generosidade, bondade e amizade apenas observando o clube que ela frequenta ou o sapato que calça. Que jamais poderemos calcular seu caráter observando somente seu cabelo engomado ou seu guarda-roupa lotado.

É preciso não buscar na aparência aquilo que só uma alma nobre pode oferecer, nem no charme de um olhar aquilo que só um coração livre de rancor pode dar. Não procurar no número de *likes* do Facebook aquilo que só um bom caráter pode proporcionar.

Com o tempo a gente também aprende que algumas dores podem ser escancaradas numa boa, enquanto outras não; que nem toda tristeza tem permissão de ser exibida; e que nem todo sorriso encerra uma alma feliz.

Descobrimos então que a fachada de uma pessoa abriga muitas outras coisas além daquelas que poderíamos supor; que ao depararmos com um sorriso nem sempre estamos diante de uma alegria verdadeira; e que a beleza não é requisito para julgarmos a nobreza ou o caráter de alguém.

A gente tem mania de julgar demais. Avaliamos o livro pela capa, o xampu pelo frasco, o jeans pelo preço da etiqueta, o crush pela popularidade. E esquecemos que caráter e conteúdo não vêm com rótulos.

Ao contrário, é preciso ultrapassar a barreira da aparência se quisermos conhecer a essência.

É claro que uma embalagem bonita atrai olhares. Mas, depois que o presente é aberto, e o papel amassado é deixado de lado, resta somente aquilo com que teremos de lidar de fato. E popularidade, moedas no cofrinho ou vestido novinho não significam nada quando se trata de caráter e bondade.

Temos de romper a barreira da aparência. Desvendar o que há por trás do sorriso constante ou da vestimenta pretensiosa. Descobrir que de uma aparência inadequada podem surgir grandes surpresas, e que um sorriso doce pode esconder algumas tristezas.

Ouse acreditar que há o que ser descoberto por trás das cortinas do aspecto exterior. Talvez seja hora de aceitar aquele convite para um chope com o mocinho desengonçado do trabalho, ou parar de sonhar acordada com o viciado em selfies da faculdade. Nem tudo é o que parece ser, e a gente tem que aprender a olhar nos olhos e acreditar que, mesmo que faltem argumentos, o essencial mora no lado de dentro...

Já disseram que a inveja tem olhos grandes; na dúvida, é melhor acreditar

A série *You*, que estreou na Netflix no fim de dezembro, está dando o que falar. Baseada no best-seller de Caroline Kepnes, *You* aborda um amor obsessivo e a linha tênue existente entre a curiosidade a respeito do outro e a insistência em vigiar a vida de alguém.

Comecei a assistir sem expectativas, mas lá pelas tantas me vi completamente envolvida pela trama, que, narrada em primeira pessoa, retrata o ponto de vista de Joe Goldberg, um gerente de livraria que se apaixona por Guinevere Beck, uma aspirante a escritora, e a partir daí começa a persegui-la nas redes sociais até descobrir tudo sobre ela. Fiquei de queixo caído com os diversos descuidos de Beck e com a capacidade doentia de Joe de querer controlar e vasculhar a vida da moça sem cessar. O que se segue é uma relação abusiva e uma obsessão extrema, com doses altas de psicopatia. Joe é manipulador e cruel, mas ainda assim tenta nos convencer de que faz tudo por amor.

Ao longo dos episódios, vamos percebendo que não é só Joe o *stalker* — que significa "perseguidor", e se aplica a alguém que importuna de forma insistente e obsessiva outra pessoa. Seja porque ele quer mostrar que não é o único imperfeito, seja porque nossa sociedade está assim mesmo, o fato é que parei para refletir no quanto esse hábito de cuidar da vida alheia tem sido cada vez mais comum e prejudicial.

Com a internet, a prática de stalkear entrou para o campo virtual: o *cyberstalking* é praticado através de meios informáticos com qualquer um que desperte o interesse do perseguidor. A prática de espionar e perseguir alguém é denominada *stalking* (espreitar). As diversas redes sociais proporcionam aos *stalkers* todas as informações que buscam sobre o seu alvo. As celebridades instantâneas, a superexposição de algumas pessoas e a quantidade de dados pessoais divulgados nas redes facilitam e estimulam a atitude dos perseguidores virtuais.

Assim, se por um lado há uma superexposição, por outro há uma dificuldade de cuidar da própria vida. E isso não começou com a internet, que fique claro. Cuidar da vida alheia é um hábito que remonta aos tempos de nossos avós, quando cadeiras eram colocadas na calçada e o entretenimento era fiscalizar tudo e todos, de fulano até beltrano — e não para elogiar, mas para criticar; não para ajudar, mas para prejudicar; não para cooperar, mas para julgar.

Porém, nem tudo é da nossa conta. Nem tudo nos diz respeito. Ficar seguindo alguém com o simples objetivo de analisar e julgar, apontando o dedo e tirando conclusões precipitadas, monitorando para contra-argumentar, acumulando dados para depois incriminar, não é saudável nem tampouco benéfico.

Se minha existência e meu modo de viver e me expor te incomodam, não me siga, não me acompanhe, não foque sua energia em mim. É tão mais fácil desligar, silenciar, não acompanhar. Tão mais fácil deletar e desconectar. Pra que criticar, fazer deduções, culpar, controlar se você pode apenas não prestigiar? Pra que perder sua energia monitorando aquilo que você condena?

Somos todos curiosos e exibidos, e a internet facilitou essa espionagem e exibição, mas precisamos também ser cuidadosos. Nem todo mundo ficará confortável com nossa felicidade, nem todos comemorarão nossas vitórias ou estarão ao nosso lado quando precisarmos. Seja prudente ao compartilhar a alegria e a tristeza, seja cauteloso ao expor seus planos e conquistas. Já disseram que a inveja tem olhos grandes; na dúvida, é melhor acreditar. Comemore, vibre, seja feliz. Mas não seja vaidoso com seus ganhos e sua alegria. Ao contrário, descubra que a discrição pode te proteger e te resguardar.

Não tem como romantizar a série *You*. Não tem como amenizar o comportamento bizarro de Joe e achar que violar a privacidade de alguém por amor seja algo bom. Em nome do "amor" e do "cuidado", muitas coisas ruins são praticadas, e a gente não pode achar que isso é normal. Ter as senhas das redes sociais, controlar os amigos, supervisionar os horários, vigiar e monitorar alguém não demonstra interesse, e sim abuso. Entender a diferença e perceber os sinais de fumaça é algo que precisamos praticar exaustivamente. Não glamorizar o excesso de "zelo", e sim aprender a valorizar nossa individualidade, nossa necessidade de privacidade, nossa intimidade. Entender, acima de tudo, que o amor-próprio é conquistado lado a lado com a nossa capacidade de nos proteger e nos resguardar.

Mãe de menino

Ser mãe de menino é torcer por dias de vento para que os papagaios ganhem altura e os aviões de papel deslizem pelo ar. É aprender a simplificar, a não ser tão perfeccionista, a tolerar meias encardidas e camisetas manchadas de terra e ferrugem.

É rir do som de pum, participar de competições de alcance de cuspe, dar bronca pelo arroto na hora das refeições, aprender a tolerar cheiro de suor e chulé e rir escondido da fascinação dele por coisas nojentas.

É ficar com a língua azul ao provar o chiclete irado, caminhar olhando para o chão em busca de insetos asquerosos para a nova coleção e ficar atenta aos gravetos certos para a cerca realista do reino dos dinossauros.

É andar sem ter pressa, prestar atenção ao momento presente, rir de si mesma e chorar um pouquinho só de lembrar do amor que carrega no peito.

É achar graça num cheeseburger repleto de ketchup, dar risada de qualquer besteira, orar a Deus pedindo saúde para continuar ao lado dele por muitos anos.

É sonhar com um mundo sem preconceitos e acreditar que a nova geração de meninos pode ser melhor que a nossa.

Ser mãe de menino é aprender a baixar fontes diferentes no celular, dançar como os personagens do Fortnite, aprender a calcular a distância de uma cidade ao epicentro de um terremoto. É ter coragem, enfrentar medos bobos, superar as problematizações da vida e improvisar.

É aprender a ser criativa, a dar um jeito em qualquer coisa difícil, a se concentrar no que é essencial. É amar incondicionalmente, proteger, aceitar as diferenças e singularidades de cada um.

É decorar o nome de todos os amigos do Relâmpago McQuenn, entender de impedimento e escanteio, lidar com o desejo dele de ser arquiteto só por causa do Minecraft, responder a perguntas insistentes sobre o funcionamento de um carro e como dirigi-lo.

Ser mãe de menino é sair em defesa do sexo masculino e educá-lo para que seja um bom homem. É acreditar que meninos também são sensíveis, capazes de gestos nobres, carregados de empatia. É ajudá-lo a enxergar as mulheres como parceiras, dignas de respeito e igualdade de direitos. É ampará-lo enquanto é um menino, e dar ferramentas para que se torne resiliente e forte. É aproximá-lo de Deus e prepará-lo para os momentos de dor que o amadurecimento vier a trazer.

É ser aluna, aprendiz de antropóloga e bióloga, jogadora de futebol, guitarrista e skatista. É entrar numa livraria e só ter olhos para os volumes de *Diário de um banana,* conectar-se ao YouTube para procurar dicas de origamis, aprender a fazer curativos em cotovelos ralados, descobrir o poder de um saquinho de gelo acompanhado de "vai sarar", ir dormir com saudade da intensidade.

Ser mãe de menino é aventurar-se num território até então desconhecido e descobrir que a vida se tornou muito mais rica com a chegada dele. É apaixonar-se por alguém com a metade de seu tamanho que te olha com admiração e diz que você é a rainha do reino de seu coração. É perceber que pouco a pouco ele está crescendo, a voz engrossando, a adolescência se aproximando. E aceitar que logo virão novos tempos, novas referências, aventuras intensas. Mas ter a certeza de que para sempre você será exemplo e modelo de perfeição, pois para um filho nada se compara a uma mãe que o amou com devoção.

Perdoe, porque você merece paz

No filme *1922*, baseado no conto de Stephen King, há a seguinte frase: *"Acho que há outro homem dentro de cada homem"*.

Talvez isso seja verdade. É possível que dentro de cada um exista uma face diferente daquela que fica aparente. No caso do filme, havia um lado mais sombrio dentro do personagem. Porém, dependendo da forma como temos vivido, pode ser que tenhamos uma versão mais indulgente, sábia e habilidosa que precisa ser explorada, não apenas para sermos melhores com o mundo, mas, principalmente, para sermos melhores com nós mesmos.

O ato de perdoar é o ato de desapegar: do que nos feriu, do que ficou por dizer, do que não tem mais como remediar, da vontade de dar o troco, da última palavra, da última ignorada. Desapegar do desejo de estarmos certos, da vontade de provar ao mundo nossa razão, do intuito de causar dor em quem nos causou dano. E, acima de tudo, da inquietação e da falta de paz gerada pelo desejo de acusar, recriminar, vingar e castigar quem nos feriu.

Perdoar não significa que você acredita que a pessoa que te feriu merece perdão, mas que você merece paz. O perdão nos autoriza a seguir em frente com serenidade, sem o peso de bagagens carregadas de mágoas, dores, sofrimento. Perdoar é uma habilidade. Um trato com o desejo de sermos gentis com nossa alma, ressignificando o que é importante, o que deve ser valorizado, e dando um basta a tudo o que é supérfluo e já não cabe mais em nossa nova etapa de vida.

Às vezes a gente foca tanto nas maneiras de revidar uma ofensa, de vingar uma mágoa, de responder a um desacato, de replicar uma provocação que esquece que está alimentando nossa alma com energias ruins, e o maior prejudicado é a gente mesmo. Talvez seja hora de buscar dentro de nós aquela nossa versão mais sábia e madura, que não aceita se desgastar por questões mal resolvidas e desejos de reparação. Talvez seja hora de simplesmente deixar pra lá...

Perdoar é fazer um detox na alma. É varrer para fora todo o lixo que deixaram em você, e que você tem alimentado com flashbacks carregados de tristeza e mágoa. Perdoe, supere, esqueça. Não valorize o mal que fizeram, o trauma que causaram, o buraco que deixaram. Não coloque num pedestal quem te feriu ou a dor que causou, mas antes descubra que é bom deixar ir, para que os espaços sejam ocupados por aquilo que torna a sua vida mais leve e livre de vínculos com aquilo que te envenena e aprisiona.

As mães nunca morrem

Há uma frase linda, atribuída a Marcos Luedy, que diz: *"As mães nunca morrem. Elas entardecem, tingem de nuvens o cabelo e viram pôr do sol"*.

Estive refletindo sobre isso recentemente, depois que um amigo perdeu a mãe de repente. É difícil consolar alguém numa situação dessas, sobretudo se ainda não a enfrentamos. Mas imagino que, com o tempo, essa falta se transforme em algo mais suave e suportável, semelhante à descoberta de que as mães não morrem, elas continuam vivas dentro de nós, nos gestos, nas características que herdamos e, acima de tudo, no olhar que é nosso, mas que a partir desse momento também carregará um tanto da percepção e sensibilidade delas.

Lidar com a ausência, com a dor dilacerante proveniente da falta, com o vazio que resta e que não pode ser preenchido por nada é difícil e assustador. Mas então, num dia inesperado, talvez a gente entenda que as coisas não acabam, elas se transformam. E com as mães não poderia ser diferente. Mais que importantes, elas são matrizes do tecido de que somos feitos. Mais que necessárias, são um eco dentro de nós nos lembrando o caminho a seguir. E, mesmo aquelas que não geraram, emprestaram a seus filhos características que ajudaram a construir quem eles se tornaram. Isso não se perde quando elas partem. Sempre residirá naquele emaranhado de histórias, manias, gestos e percepções, se somando às experiências vividas e adquiridas, mas permanecendo e resistindo como memória viva e indestrutível.

Minha mãe tem o belíssimo costume de fazer livros de memórias para seus netos. Em cada página, um pedacinho de si mesma e de seu afeto por eles e por nós, seus filhos. Esses cadernos decorados serão herdados pelas nossas crianças e perpetuarão a memória de minha mãe no futuro. Porém, muito além da garantia dos cadernos, ela permanecerá viva pela forma como toca cada um de nós: com amor, alegria, generosidade e compreensão. Enquanto nós vivermos, essas sensações jamais serão perdidas.

As mães nunca morrem. Elas se afastam, e a neblina das primeiras horas encobre o que antes era visível e palpável. Dentro de nós, antigos sons chamando para o jantar ou contando histórias antes de dormir nos dão a certeza de que, mesmo que se diga que tudo passa, elas não passarão. O que acontece é que elas se transformam. Vão entardecendo e sendo encobertas, mas caminharão para sempre junto de nós, na alma e no coração.

DESEJOS DE SIMPLICIDADE

SOU FILHA DE UM TEMPO SIMPLES

Sou filha de um tempo simples

Sou do tempo dos bilhetinhos na sala de aula. Dos desencontros que geravam brigas homéricas com o namorado. Das filas nos orelhões na cidade em que fiz faculdade. Da falta de informação, que só era atualizada às 20 horas, com o JN. Das noites em claro ao lado da minha mãe, que não sabia por onde andavam meus irmãos. Das mesas de carteado. Dos barzinhos lotados, onde a gente tomava cerveja e ninguém ficava de olho no celular, porque ninguém tinha um.

O mundo mudou rápido, e com ele chegou o tão maravilhoso WhatsApp. Foi paixão à primeira vista. Imediatamente você escolheu uma foto muito bacana para o perfil e adicionou todos que conhecia. Ficou feliz em ser adicionado ao maior número de grupos possível e se empolgou com as mensagens cheias de significado que recebeu. A cada "plim" do celular, você tinha mais certeza de que a vida ganhava outro sentido. Reencontrou amigos distantes, tranquilizou o coração de sua mãe, ficou por dentro dos comunicados da escola de seu filho, deu folga à formalidade do telefone, adquiriu molejo para abordar o crush.

Porém, aos poucos, foi percebendo que estava se tornando refém do aplicativo. Aqueles que antes você queria sempre por perto começaram a cobrar feedback imediato, e você, pessoa educada que é, tentou dar conta do recado. Enquanto seu marido jantava sozinho e seu filho ficava sem resposta para mais um "por quê?", você digitava freneticamente dando conselhos àquela amiga que só entrava em canoa furada. E, uma vez on-line, outras mensagens chegavam e, sem ter como ficar invisível, você perdia o jantar e os momentos preciosos ao lado daqueles que amava em prol de uma política de boa vizinhança com os que estavam longe.

E aí sua mãe, seu pai, sua tia, seu sogro e até sua avó foram fisgados pelo WhatsApp. Você fez festa, aplaudiu, teve orgulho da turma que não se intimidou com o progresso e a tecnologia. Mas então descobriu que eles estavam muito mais empolgados que você. Muito mais preocupados com o mundo também. E muito, mas muito mais engajados. E entre achar graça e se preocupar com a nova onda entre os mais velhos, você tentou passar alguma dica importante: "não é tudo que a gente compartilha..."; "nem tudo é verdade..."; "você precisa ser seletivo..."; e torceu para que eles ouvissem. Por não haver regras ou etiquetas para o uso do aplicativo, muita gente fica vulnerável a boatos, correntes de ódio, informação deturpada e "palestras" de pessoas desinformadas e despreparadas.

Hoje, diante dos benefícios e prejuízos que a internet trouxe, sinto-me privilegiada por conseguir manter um pouco de sanidade diante do WhatsApp e suas delícias, discórdias, angústias e recompensas. Porque nada é só bom ou só ruim. O importante é aprender a usar, sem me sentir rejeitada quando a mensagem é visualizada e não respondida; sem me sentir cobrada toda vez que ouço o "plim" do celular; sendo seletiva e cuidadosa com as informações que compartilho; silenciando os grupos de que participo para que o excesso de mensagens não me canse; sendo menos ansiosa à espera de respostas importantes.

Está na hora de mostrar ao WhatsApp quem é o dono da situação. Não quero ser dependente de suas notificações; submissa a sua urgência; obediente a suas ordens; desassossegada perante suas inconstâncias; crente em sua capacidade de substituir um contato físico, um olhar, uma certeza. Também quero ter meus momentos de quietude, longe de todos e perto de mim. Quero a liberdade de atrasar uma hora ou dez para me decidir, sem ser denunciada pelo momento em que estive on-line pela última vez. Quero a tranquilidade de desconhecer o momento em que fui lida, para não criar histórias mirabolantes dentro de mim só porque a resposta se atrasou. Desejo a paz planejada de um estado off-line sem que isso me cause mais angústia, e o encontro com uma caixa de mensagens vazia sem que isso me cause nenhum desconforto.

Sou filha de um tempo simples, em que a conta de telefone custava caro, e a gente escrevia cartas enormes para os amigos nas férias. As fotografias eram reveladas depois que o filme de 36 poses acabava, e as músicas eram gravadas em fitas, com as quais a gente presenteava quem amava. Tudo era mais difícil, mais demorado, mais suado... mas a gente era dono da própria situação. Se tinha que resolver um assunto, era olho no olho, cara a cara. Se queria dar um tempo, vestia um pijama e esquecia. Era preciso mais paciência com as demoras, mas havia uma liberdade, uma possibilidade de não ser encontrado, uma alegria no anonimato e um respeito pela própria ordem interna que recompensavam todo o resto.

Quero aproveitar as ferramentas que o novo mundo me dá, mas preservar minha liberdade, o tempo que tenho com aqueles que estão perto, a necessidade de ficar sozinha, o direito de esquecer o celular por alguns instantes, a paz de não querer ter razão, a possibilidade de me relacionar sem a ajuda de emojis e a satisfação de não me viciar na conexão virtual. Pois como diz um amigo meu: *"O mundo precisa de menos internet e mais cabernet..."*.

Minimalismo: quando a vida pede um pouco mais de calma e de alma

Começou com a leitura de *A mágica da arrumação*, livro de Marie Kondo. Depois vieram os vídeos de Fê Neute no YouTube e o documentário *Minimalism* na Netflix. Eu estava encantada e ao mesmo tempo queria compreender esse movimento, do qual nunca tinha ouvido falar. Eu queria descobrir o tão aclamado minimalismo.

Constatei que não sou nem nunca serei minimalista de carteirinha; porém, me interessei em trazer para minha rotina muito dessa filosofia que faz uma reflexão sobre os excessos, sobre o consumismo desenfreado e a perda de controle e liberdade. O minimalismo resgata a consciência sobre o que é necessário ou supérfluo, e busca valorizar o que traz felicidade, o que merece ser mantido e o que deve ser descartado. Isso se aplica não somente aos bens materiais, mas se estende do mesmo modo a outras esferas da vida, como os pensamentos e relacionamentos.

Estamos carentes de simplicidade. Depois de adquirirmos o prazer da conquista, de sermos possuidores de grande parte daquelas coisas com as quais sonhamos há tanto tempo, começamos a perceber que falta algo. Falta essência. Qualidade. Significado. Falta alma. Estamos cansados de excessos. Estamos fartos daquilo que ocupa nosso tempo e energia sem trazer em troca a tão almejada felicidade. Cansamos de consumir sem ter tempo de usufruir. É incrível como viramos reféns de um estilo de vida que tira nossa paz e liberdade ao ditar a moda e impor a busca constante pelo último modelo. Nossa vontade é fazer o caminho de volta…

É preciso aprender a selecionar — nossos objetos, nossos afetos, nossas lembranças do passado, nossas tralhas e roupas — e só manter aquilo que merece prevalecer. Deixar ocupar espaço só aquilo que nos traz bem-estar. Ser possuidor apenas daquilo que não complica nem atrapalha o andamento de nossa vida. Organizar fora e dentro de nós. Devemos nos cercar de menos para ter mais: mais tempo, mais liberdade, mais felicidade. Descartar o hábito de consumir sem consciência, trocando de modelo a cada temporada, acreditando que a vida é tão volátil e descartável quanto os objetos xing ling que foram feitos para não durar. Aprender a resgatar o que é simples e durável. O que é modesto e eterno. O que é suficiente e traz felicidade. O que parece ser menos, mas adquire significado por ser único.

Existe uma grande diferença entre simplificação e privação. Não quero me privar de ter uma bolsa bacana, um *scarpin* salto agulha ou um vestido colorido para usar na primeira comunhão de meu filho. Porém, ao escolher adotar alguns aspectos minimalistas, eu decido que um *scarpin* preto terá muito mais serventia e me trará muito mais alegria que uma bota tipo meia, proclamada aos quatro ventos pelas blogueiras, que fatalmente ficará encalhada no meu armário pelo resto da vida. Ao decidir simplificar, aprendo a optar, a fazer boas escolhas, a consumir menos e com consciência, a escolher produtos com maior durabilidade e usabilidade. A não encher minhas gavetas com porcarias baratinhas que só me trarão alegria momentânea, a não complicar, a não acumular, a me conhecer. A saber o que me traz paz. A descobrir meu estilo particular de ser e estar no mundo.

É hipocrisia dizer que a aquisição de bens materiais não traz felicidade. Porém, é necessário refletir sobre os excessos. Sobre o acúmulo. Sobre o que está por traz de nossa necessidade de nos cercar de tanta coisa que nem usamos ou nem sabemos que temos. Devemos ponderar a respeito de nossa desorganização, da incapacidade de usarmos tudo que temos até o fim ou antes que o produto vença, de nossa necessidade de enchermos nossas gavetas, nossos armários, nossa casa e nosso interior com tanta tralha. É importante lançar um olhar atento para a insatisfação, para nosso comportamento automático e habitual, para a dificuldade de, atolados sob tanta bagunça e informação, descobrirmos quem somos de fato.

Adquirir hábitos minimalistas não se trata obrigatoriamente de adotar um estilo *clean*, ter uma casa sem móveis ou só usar roupas brancas, pretas e cinza. Trata-se, acima de tudo, de descobrir quem você é, o que quer da vida e o que as coisas que possui representam para você. Após enxergar isso e abraçar o que é mesmo essencial, você estará rodeado somente do que faz sentido para você, do que é importante e te faz bem. Enfim, estará cercado de calma, envolvido por aquilo que lhe aquece a alma, e certamente muito mais feliz...

Desejos de simplicidade

Hoje é dia de Nossa Senhora Aparecida, padroeira do Brasil, e de repente muitas lembranças de minha infância vieram à tona junto com a música *Romaria*, de Renato Teixeira. A canção é comovente, e nos remete a nossas origens, à lembrança dos avós na varanda esperando a procissão, ao cheiro de incenso, às velas acesas na copa, à simplicidade daqueles que nos ensinaram a rezar e um tributo à fé dos peregrinos e de todos nós, que, em um momento ou outro, nos curvamos com humildade esperando uma resposta ou milagre diante dos mistérios da existência.

De repente me vi com desejos de simplicidade. Carente de tudo que me lembra tardes chuvosas, passeio de bicicleta por ruas de paralelepípedos, café em canecas de ágata descascadas pelo tempo e fé de cidade pequena proclamada pelos sinos da igreja. Nesse momento não preciso de nada além das paredes caiadas da casa de minha avó, da lembrança de seu tanque de cimento próximo à roseira, dos trocados que ela guardava na lata de biscoitos, do ranger das tábuas no chão sob meus pés.

As memórias de família enriquecem nosso repertório de significados, valores, fé e tradições. E nos acolhem naqueles momentos de dúvida, falta de sentido diante das inconstâncias da vida e descrença no futuro. Quem tem histórias de afeto ao redor de uma mesa simples, alegrias miúdas contadas através de causos de família, fé aprendida e praticada na intimidade e melodia de tempos felizes numa voz antiga não se entristece à toa.

A vida é cheia de fases. Há momentos de buscar a novidade, de evoluir e aprimorar, de buscar uma certa elegância e requinte. E há momentos de resgatar o que é simples, descobrindo, como disse Leonardo da Vinci, que "a simplicidade é o último grau de sofisticação".

É preciso não perder o encanto das coisas simples. Conseguir entender de poesia ao observar o tracejado das veias nas mãos finas do pai, decifrar delicadezas na marcha de pés descalços do filho, sensibilizar-se com o cheiro de simplicidade que só um bom refogado de cebola e alho traz, não se distrair dos sons de uma casa cheia de histórias, e correr o risco de chorar um pouquinho ao se lembrar dos quintais e ruas da infância.

Nas minhas horas de solidão quero agradecer tudo o que tive e me trouxe até aqui. Tudo que me apazigua a alma e traz consciência de que minha história ainda é linda e coerente, pois dela fizeram parte meu avô molhando o pão no leite, minha avó cantando enquanto esfregava roupas no tanque, minha mãe rezando em nossa cama à noite, meu pai me ensinando ciências, minha tia mandando a gente raspar o prato sem dar um pio. Não quero lamentar o que eu poderia ter tido e não tive, porque embaixo dos telhados de minha existência conheci e vivi tudo o que amei e ainda me sustenta — vestígios de uma vida jardineira, semeadora de contradições e buscadora de simplicidade.

Elegância: a sutil arte de combinar simplicidade, educação e discrição

Gosto de gente simples, pé no chão. Gente que aprendeu que luxo não se trata de afetação, ostentação ou presunção; que sabe que elegância não é esnobismo ou arrogância. Elegância é, antes de tudo, saber se comportar com uma simplicidade sofisticada e uma sabedoria discreta perante a vida.

Coco Chanel dizia: "Não é a aparência, é a essência. Não é o dinheiro, é a educação. Não é a roupa, é a classe", Eu, igualmente, acredito que ser elegante vai muito além de conhecer e assimilar regras cerimoniais ou juntar dinheiro para comprar uma joia cara. Ser elegante é adquirir um conjunto de bons hábitos que revelam uma civilidade harmoniosa por dentro e por fora. É aprender a agir com cortesia, empatia, gentileza, cuidado, educação e discrição. É descobrir quanto é vulgar lavar roupa suja em praça pública; cuspir no prato em que comeu; participar de fofocas e boca a boca; fazer discursos inflamados sobre política e religião; assediar sem consentimento; criticar mais que elogiar; fazer diferença entre as pessoas; exagerar na roupa transparente, no tom de voz, na vontade de aparecer e na obscenidade.

Engana-se quem pensa que o contrário de luxo é a escassez de bens e recursos. Luxo é se despir de excessos. É descobrir que você não precisa exagerar na maquiagem, no brilho da roupa, no tom de voz, na quantidade de perfume, no filtro da selfie, na indiscrição. É conhecer seu lugar, não invadir a privacidade alheia, respeitar os limites (seus e dos outros), ser polido e refinado. É saber ser sofisticado na simplicidade, não desperdiçar, não esbanjar, não ostentar. Luxo é prestar atenção às próprias maneiras, e, na dúvida, agir com mais sobriedade que vulgaridade.

Pessoas elegantes não precisam impressionar ninguém, e por isso agradam a si mesmas em primeiro lugar. Não necessitam ostentar o último modelo de celular, não se incomodam em repetir vestidos, não competem pelo número de curtidas na última foto da viagem. Gente elegante investe mais no brilho do olhar que na plástica das pálpebras, mais na naturalidade do sorriso que no preenchimento dos lábios, mais no caimento da vestimenta que na etiqueta famosa bordada na lapela.

A monarquia britânica, com suas Kates, Meghans e rainha Elizabeth, é referência de elegância e sofisticação para o mundo todo, não somente pela fortuna, mas, acima de tudo, pela classe, discrição, educação e ausência de excessos. A maquiagem sóbria de Meghan Markle e o hábito de Kate Middleton de repetir suas vestimentas vieram reforçar a ideia do quanto é bonito, fino, clássico, elegante e muito sofisticado adotar um estilo sóbrio, desprovido de exageros e despropósitos. É como diz o velho ditado: "Menos é mais".

A elegância está no comportamento, e não na posse disso ou daquilo. Já vi muita gente desprovida de recursos ter gestos nobres, e muita gente endinheirada ser extremamente desagradável e mesquinha. Isso me dá a certeza de que não se mede grandeza por riqueza, nem elegância por aparência.

Aqui vai uma historinha. Quando eu tinha 19 anos, fui conhecer a família de meu namorado da época. No dia de ir embora, ao acordar e ainda sonolenta, ouvi a mãe dele falando com a filha (que morava fora) ao telefone. Ela me descrevia exatamente assim: "Ela é muito simples..."; e me recordo de que naquele dia, no auge de minha imaturidade, fiquei meio perdida, sem entender se aquilo era uma crítica ou um elogio. Agora, mais de vinte anos depois, me sinto privilegiada por ter passado essa impressão, e contente com a percepção dela. Porque sei que meu valor não estava na minha fachada, e sim dentro de mim. Hoje continuamos próximas, amigas, e nos admiramos mutualmente. Nunca contei a ela esse episódio, e talvez fosse indelicado comentar que meus ouvidos captaram mais do que o necessário naquela manhã. Porém, mais tarde, esse incidente me trouxe lucidez. A compreensão de que, se houver educação e essência, o refinamento chegará com a maturidade e o bom gosto. Porque, como dizem por aí, "O mais importante não é ter, e sim ser".

As histórias extraordinárias moram nos momentos simples

Hoje uma prima querida compartilhou uma foto especial no grupo da família. Ela estava dando uma volta de carro, tentando fazer seu bebê dormir, quando passou pela casa em que eu e meus irmãos moramos na infância — não se conteve e parou para fotografar. O que se seguiu foi uma onda de nostalgia e emoção, lembranças de um tempo repleto de histórias simples, ordinárias, corriqueiras... mas que de uma forma inimaginável se tornaram extraordinárias.

Nem tudo mora no visível. Nem tudo pode ter seu valor medido pelo dinheiro que foi gasto ou pela serventia que terá. Jamais conseguiremos mensurar a importância de algo que mora na lembrança e no coração do outro. Há coisas que não valeriam nem um centavo, mas que para você são verdadeiras relíquias. Há vivências que jamais poderiam ser substituídas por uma passagem de primeira classe ou trocadas por uma semana num resort de luxo. Essas são as histórias extraordinárias. Aquelas que nasceram no corriqueiro da vida, mas provocaram encantamento. Promoveram um tipo de arrebatamento que não tem explicação lógica, não se baseia em probabilidades, não pode ser descrito com palavras. Há coisas que nos resgatam do que é terreno e palpável e nos aproximam de Deus. Essas são as coisas mais simples. Essas são as coisas extraordinárias.

Penso que as crianças estão mais próximas do extraordinário. Porque conseguem tocar o eterno com seus bracinhos curtos e sua alma livre. Me recordo de que meu filho me pedia um bolo simples de aniversário. Ele trocaria, feliz, o bolo de pasta americana pelo bolo de iogurte na fôrma redonda que minha mãe faz. Do mesmo modo, eu e minhas primas adorávamos brincar de cabeleireira no quintal de minha casa. Com baldes cheios de água e canequinha, lavávamos os cabelos umas das outras, e aquilo tinha muito mais valor que uma tarde no salão chique do shopping.

Quando você começa a entender que o extraordinário está no ordinário da vida, passa a perceber melhor os detalhes. Passa a entender o propósito do cheiro de assado que invade a casa na véspera de Natal; a valorizar a algazarra das crianças fazendo guerra de travesseiros sobre a sua cama; a não se importar com a bagunça que sua casa ficará após a noite de Ano-Novo. Você descobre que nada tem sentido se você não estiver disposto a se tornar vulnerável. Vulnerável a chorar um pouquinho quando aquele tio querido revelar que é seu amigo secreto e você se lembrar das histórias extraordinárias que viveu ao lado dele. Vulnerável ao perceber que a passagem do tempo nos apavora, e é por isso que mais vale uma toalha de mesa repleta de manchas após uma noite feliz do que guardanapos imaculadamente alvejados guardados no fundo de uma gaveta.

Existe alma em tudo que a gente atribui sentimento. O que ninguém nos conta é que é preciso coragem para mergulhar fundo na existência. Coragem para absorver singelezas, delicadezas, miudezas de tudo que é comum e corriqueiro. Coragem para não se blindar dos eventos que nos alcançam nas horas mais distraídas e que serão lembrados para sempre, quer a gente queira ou não. Coragem para entender que, mesmo que a gente deseje, jamais conseguiremos nos desapegar de algumas histórias. Coragem para descobrir que, se a gente quer que a vida seja realmente extraordinária, isso vai doer um pouquinho, mas esse preço a pagar é muito pequeno diante de tudo que a gente irá ganhar...

A felicidade bate na porta, mas não gira a maçaneta

No Carnaval, estive com minha família visitando meu sogro. Ele mora numa cidadezinha bem pequena no interior de São Paulo, onde me sinto completamente em casa. Lá, a internet funciona mal, e por isso meu filho ficou sem computador e celular. A televisão também não pega bem e, desse modo, passávamos a maior parte do tempo conversando, ouvindo o barulho das galinhas e lendo. Bebíamos vinho, andávamos descalços e íamos para a praça tomar sorvete. Sentávamos no banco do jardim e tínhamos a sensação de que o tempo demorava a passar. Me lembro de pensar que estava entendendo tudo, que tudo fazia sentido, que não havia mais espaço para nenhum descontentamento. Que finalmente eu havia "deixado pra lá" tudo o que um dia me perturbara. Que eu estava equilibrada, e todos ao meu redor também. A felicidade batera na porta, e todos nós havíamos girado a maçaneta.

Ser feliz é uma decisão, um trato com o bem-estar apesar de tudo que o possa ameaçá-lo. Pois a alegria vem e vai, mas permanecer feliz independentemente da dança dos dias é um compromisso que assumimos dando boas-vindas aos prazeres e delícias, mas também aceitando com paciência todas as falhas, faltas, tristezas, tédios e saudades que fazem parte do pacote que é a existência.

Não é a ausência de tristezas e decepções que torna alguém feliz. Se fosse assim, ninguém estaria apto a receber a tal felicidade. O primeiro passo para ser feliz, não importando os altos e baixos que nos cercam dia após dia, é o empenho em encontrar contentamento interno apesar das nuvens carregadas, dos lugares vazios ao nosso lado, dos desejos insatisfeitos e das bagagens pesadas.

Como eu disse, no Carnaval tive tempo para ler. E, por um "feliz acaso" (*serendipity*), levei comigo o livro de uma amiga. Apesar de já ter assistido ao filme inúmeras vezes, eu nunca tinha lido o livro *Comer, rezar, amar*, de Elizabeth Gilbert. Achava que o livro não teria nada a acrescentar, e por isso não me interessava muito. Porém, para minha grande surpresa, a obra me arrebatou. E chegou na hora exata, vindo ao encontro do momento que eu estava vivendo, de busca de equilíbrio e, consequentemente, felicidade. Lyz, a autora e personagem, sai de um divórcio complicado, seguido por uma paixão arrebatadora que não deu certo, e segue para uma jornada que inclui a Itália, a Índia e a Indonésia. Em cada um desses lugares ela tem um tipo de experiência, e eu me encantei profundamente por sua transformação na Índia. Não tenho o desejo de viver uma experiência semelhante, mas, ao acompanhar sua busca espiritual e suas dificuldades no início, quando ela ainda estava muito ligada aos últimos acontecimentos de sua vida (portanto, muito marcada pela dor e muito guiada pelo ego), pude compreender que o caminho para uma vida equilibrada e feliz depende muito mais de nosso empenho, de nosso esforço pessoal, do que simplesmente de estar à espera de um golpe de sorte que venha acrescentar para nós algum tipo de alegria momentânea.

A felicidade é feita de tijolinhos, e inclui o equilíbrio entre mente, corpo, coração e espiritualidade. Buscar esse equilíbrio tem um preço, e requer disciplina e muita coragem. Os ingredientes tanto da felicidade quanto da infelicidade estão igualmente presentes em todos nós; cabe a cada um decidir qual prevalecerá. Para ambos os caminhos, é preciso muito empenho e insistência.

Embora não pareça, é preciso um grande esforço para ser infeliz. O infeliz tem que se empenhar para viver no passado, remoendo suas dores, se ressentindo de seus traumas, não abandonando suas mágoas. Ele se recusa a sorrir, gasta sua energia planejando vinganças, carrega uma nostalgia melancólica e não consegue encontrar alegria no presente. Prefere criticar a acolher, julgar a aceitar, se vitimar a se transformar, fugir a enfrentar, viver de saudade a viver realizado.

Também precisamos de empenho e insistência para sermos felizes. A felicidade bate na porta, mas não gira a maçaneta. Quando decidimos acolher a felicidade, temos de ter um ambiente propício para isso. Um lugar em que corpo, mente, coração e espírito estejam fortalecidos, para que a felicidade não escape pelas frestas ao primeiro sinal de contrariedade. A felicidade é consequência de um esforço pessoal, e para tanto precisa de pulmões limpos e coração tranquilo; ideias claras e pensamento positivo; desapego dos traumas e das satisfações sem volta do passado; e, finalmente, de perfeita comunhão com Deus.

Desejo a você que exercite o corpo e distraia a mente. Que procure ajuda caso se encontre num estado de depressão e precise de terapia ou medicamentos; que leia bons livros, assista a bons filmes, que evite as notícias sangrentas e sensacionalistas na tevê. Que se conecte moderadamente à internet, e que encontre amigos reais com quem possa contar; que ouça músicas e se encante com a poesia; que dance até ficar com o cabelo ensopado, e não se desespere por causa da política. Que se apaixone por si mesmo, e leve isso em consideração quando encontrar alguém com quem deseje dividir uma parte de sua vida; que borrife perfume nos pulsos e espalhe xampu no cabelo, mas que nunca deixe de se arrepiar ao sentir o cheiro característico de alguém que ama. Que encontre formas de se conectar com Deus, e que isso se torne uma prática constante na sua vida. Que você encare as circunstâncias desafortunadas com jogo de cintura e otimismo e que, finalmente, escolha bem seus pensamentos, descobrindo que ninguém pode fazer tanto mal a você quanto você mesmo... *Be happy!*

Feliz é quem entende que tudo passa

Ao procurar por algo diferente na Netflix, encontrei *Happy*, documentário concebido e dirigido por Roko Belic que busca definir as causas da felicidade genuína, aquela que cultivamos internamente e que não está sujeita a condições externas para que possa existir.

Happy me levou a refletir sobre o modo como tenho dirigido minha vida e educado meu filho, e me fez considerar maneiras de tornar a felicidade mais disponível, apesar das circunstâncias que nos cercam ou afetam. Algumas pessoas nascem com potenciais mais elevados para a felicidade (dizem que 50% é genético); outras, porém, deveriam criar condições favoráveis dentro de si mesmas para a manifestação da felicidade: através de exercícios físicos, gratidão, compaixão e relações afetivas positivas.

Sendo assim, a felicidade não seria apenas um dom, e sim uma habilidade que deveria ser exercitada e praticada. A começar por diminuir o foco sobre nós mesmos e ampliar nossa capacidade de servir aos outros.

De todas as definições sobre a felicidade, a que mais me cativa é: "Ser feliz sem motivo é a mais autêntica forma de felicidade". Pois a felicidade verdadeira, aquela que permanece conosco independentemente da dança dos dias, é gratuita, à toa, desinteressada e enraizada em nós. Não compete com os fatos ruins que nos acontecem; apenas abre brecha para que a tristeza venha à tona por algum tempo, e depois retorna colocando tudo de volta no lugar.

Temos vivido tempos difíceis, nos quais nos tornamos dependentes da internet, de comida, bebida e remédios. Nossa cultura não nos ensinou que a felicidade genuína é conquistada no convívio afetivo com outras pessoas, praticando a empatia, a generosidade e a compaixão. No reconhecimento de que, mesmo que a vida tenha nos dado uma rasteira, ainda há motivos para agradecer. No aprendizado de que o mais importante não é o que recebemos do mundo, e sim aquilo que a gente oferece.

Algumas tribos indígenas que ainda conservam suas tradições nos servem de exemplo. Lá, se alguém fica doente, todos se unem num ritual para curar essa pessoa. Em nossa cultura, porém, temos vivido relações utilitárias. Esperamos que aqueles que convivem conosco possam suprir nossas necessidades e expectativas. E, em vez de ampliarmos nossas relações, acabamos restringindo-as e diminuindo nossas possibilidades de felicidade.

Enquanto continuarmos acreditando que nossa felicidade está no parceiro perfeito, na foto mais curtida do Facebook, na carreira de sucesso, na viagem dos sonhos ou na aparência plena, permaneceremos insatisfeitos e inseguros, porque é impossível controlar o que vem de fora. No entanto, quando entendemos que essa felicidade pela qual nos esforçamos pode vir de dentro, ficamos mais resistentes ao que a vida nos tira, e menos deslumbrados com o que ela nos dá.

Feliz é quem entende que tudo passa. Quem sabe que bênçãos e adversidades se intercalam na vida de todos, mas não são elas que determinam se somos ou não realmente felizes. Feliz é quem não deposita seu bem-estar permanente naquilo que é perecível, nem recusa a alegria duradoura em nome de um prazer momentâneo. Quem compreende que a vida é muito frágil, e por isso não adia o encontro com aqueles que ama, nem chega tarde demais aos encontros que nunca mais se repetirão. Feliz é quem descobre, a tempo, que ser importante, ter a saia plissada da estação, o carro conversível do momento ou as férias perfeitas do Instagram só aquece o coração momentaneamente, mas não garante o fim de nossas inquietações. Pois até esse coração aquecido passa. E, depois que passa, restamos nós e o que fizemos de nós. As vidas que tocamos, as oportunidades que aproveitamos, as escolhas que fizemos, a gratidão que temos, a compaixão que desenvolvemos, o amor que ofertamos, o perdão que não recusamos... e, enfim, a felicidade que tanto buscamos e na simplicidade de ser e ter encontramos.

Agradecimentos

Agradeço a Deus; a Bernardo e Luiz; aos meus pais, Jarbas e Claudete; aos meus irmãos Jarbas Júnior e Leonardo; à minha avó Leopoldina; às minhas cunhadas e sobrinhos; aos meus tios e primos; aos meus amigos.

Toda a minha gratidão aos seguidores do blog e redes sociais; aos meus amigos escritores e colunistas do blog; aos editores da página e site "A Soma de todos os Afetos".

Sou grata ao editor Pedro Almeida; à editora Carla Sacrato; à escritora Liliane Prata e à jornalista Izabella Camargo.

Meus sinceros agradecimentos à Faro Editorial e toda equipe.

ASSINE NOSSA NEWSLETTER E RECEBA
INFORMAÇÕES DE TODOS OS LANÇAMENTOS

www.faroeditorial.com.br

CAMPANHA

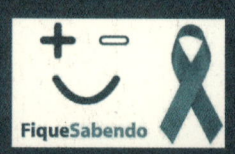

FiqueSabendo

Há um grande número de portadores do vírus HIV e de hepatite que não se trata. Gratuito e sigiloso, fazer o teste de HIV e hepatite é mais rápido do que ler um livro.

FAÇA O TESTE. NÃO FIQUE NA DÚVIDA!

FARO EDITORIAL

ESTA OBRA FOI IMPRESSA PELA
GRÁFICA LC MOYSES EM JANEIRO DE 2020